불교방송 신행상담 사례를 기초로 하는 불교개론서

라디오 멘토가 들려주는
불교와의 첫 만남

BBS 불교방송

불교방송 신행상담 사례를 기초로 하는 불교개론서

라디오 멘토가 들려주는
불교와의 첫 만남

BBS 불교방송

| 머리말 |

알기쉬운 불교 개정판을 내며

　불교방송이 처음 개국한 1990년부터 불교에 대한 폭넓은 이해와 불자들의 바른 신행생활에 도움을 주고자 마련한 불교방송의 신행상담프로그램이 바로 '자비의 전화'였다. '자비의 전화'는 'BBS 신행상담실'로 이어지며 최근까지 청취자들의 불교에 대한 궁금증을 명쾌하게 해소해 줌으로써 불교방송이 포교적 기능을 다하는 데 큰 기여를 해왔다.
　20년이 넘은 세월이 흐르면서 불교를 배울 수 있는 교양대학도 많아지고 신행상담을 대체할 수 있는 많은 불교서적이 등장하면서 방송에서는 신행상담프로그램이 폐지되었지만, 그동안 신행상담프로그램에서 상담한 내용은 수만 건을 헤아리며, 불교와 미신을 혼동함으로써 빚어지는 문제에서부터 초보적인 교리상식을 묻는 것에 이르기까지 그야말로 다종다양했다. 그런 질문은 불교를 체계적으로 공부한 사람들의 입장에서 보면 낮은 수준의 내용이라고 할 만한 것도 많았지만, 그것이 곧 우리나라 불교의 포교현실을 반영하는 것이었다.
　그러한 성과 속에 1992년 상담 내용을 정리한 서적을 발간한 이래 10년을 넘게 20쇄 이상 발행하여 많은 호응을 얻었다. 이제 상담 내용을 완전히 재편하여 일반적인 개론서 형태로 완전 개정판을 출간하였다. 이번 작업에는 처음 출간 당시 제기되었던 다음과 같은 문제들을 염두에 두었다.
　첫째, 불교의 기본교의와 전통문화 전반에 대한 보다 폭넓고 질 높은 교육활동이 끊임없이 요청된다. 불교와 미신을 혼동하는 불자들을 위해 어떤 것이 불교의 기본입장이고 어떤 것이 토속신앙과 접촉하면서 생긴 것인지 구분시켜주지 않을 때 바른 불교의 이해는 요원해질 수밖에 없기 때문이다.

둘째, 물질만능, 과학만능의 풍조가 판을 치고 있는 고도로 산업화된 오늘날의 사회 속에서, 특히 과거와는 달리 여러 종교가 함께 공존해나갈 수밖에 없는 다원종교사회 속에서 일반신자들의 올바른 신행생활에 대한 보다 명료하고도 구체적인 지침이 시급히 정비되어야 한다.

셋째, 초기불교에 대한 이해가 점증함에 따라 석가모니부처님이 가르치신 불교의 근본정신과 현재 우리 나라 사찰에서 행해지고 있는 한국불교의 전통적인 신행의례 사이에서 특히 젊은 층이 주로 느끼고 있는 괴리감도 우리 불교가 조만간 해결해나가지 않으면 안 될 과제이다.

이 자리를 빌려 지난 세월 불교방송 신행상담프로그램에 출연하여 훌륭한 상담을 해주셨던 성열스님, 혜창스님, 해주스님, 혜담스님, 일연스님, 송강스님, 계환스님, 본각스님, 혜거스님, 원광스님께 다시 한번 감사의 인사를 올린다.

끝으로 이 한 권의 책이 많은 사람들의 올바른 불교이해와 신행에 좋은 길잡이가 되기를 진심으로 빈다.

불교방송 포교문화국

| 차례 |

제1장 불, 법, 승 삼보에 귀의합니다

1) 불 : 누구를 따를 것인가 • 17
　* 석가모니부처님 • 19
　* 불기 : 부처님이 열반하신 해 • 24
　* 삼신불 : 시공의 많은 부처님 • 25
　* 비로자나부처님 • 28
　* 아미타부처님 • 30
　* 미륵부처님 • 32
　* 약사여래부처님 • 34
　* 관세음보살 • 35
　* 문수보살과 보현보살 • 37
　* 지장보살과 대세지보살 • 39
　* 석가모니부처님의 십대제자 • 41

2) 법 : 무엇을 믿을 것인가 • 43
　* 삼법인 : 현실에 대한 정확한 관찰 • 47
　* 연기(緣起) : 세상의 법칙 • 49
　* 업과 윤회 : 우리 인생의 현실 • 51
　* 사성제 : 불교의 실천원리 • 54
　* 열반 : 궁극의 이상적인 경지 • 56
　* 팔정도 : 열반으로 나아가는 방법 • 58
　* 중도 : 바름의 기준 • 60
　* 부처님의 교화방법 • 62

3) 승 : 진리 속에 사는 사람 • 64
　* 석가모니부처님 당시의 교단 • 66
　* 스님들의 계율 • 69

* 스님이 되는 과정 • 71
* 안거 • 73
* 자자와 포살 : 스님들의 대중생활 • 75
* 재가신자들이 교단의 일원으로서 해야 할 일 • 77

제2장 한반도에 꽃핀 찬란한 불교

1) 인도에서 한국까지 • 83
  * 경전의 성립 • 86
  * 대승불교 • 89
  * 중국의 불교 종파 • 91
  * 대장경 • 93
  * 위경 • 95
  * 불교의 한국 전래 • 97
  * 한국불교의 특징 • 99
  * 한국불교를 대표하는 스님 • 101
  * 고려대장경 • 103
  * 호국불교 • 105
2) 한국의 불교문화 • 107
  * 사찰과 법당 • 109
  * 사찰의 문 • 112
  * 전각과 법구 • 116
  * 3보 사찰 • 119
  * 5대 보궁 • 121
  * 스님을 부르는 호칭 • 123

3) 한국의 신행문화 • 125
　　* 합장 • 125
　　* 사찰예절 • 127
　　* 조석예불 • 130
　　* 4대 명절 • 133
　　* 재일 • 135
　　* 우란분절 • 137
　　* 입춘과 동지 • 139
　　* 방생법회 • 141
　　* 천도재 • 143
　　* 염주 • 147
　　* 발우공양 • 149

제3장 수행과 포교

　　* 수행의 시작 : 불자입문 • 157
　　* 수행자로서의 불자의 마음가짐 : 사무량심과 육바라밀 • 160
　　* 수행의 원리와 근거 • 166
　　* 재가자의 수행과 계율 • 169
　　* 참회와 절 • 172
　　* 기도 • 175
　　* 독경과 사경 • 179
　　* 염불 • 183
　　* 진언 • 186
　　* 참선과 화두 • 188

* 참선 수행의 의의 • 195
* 공양 • 198
* 방편의 의미 • 200
* 회향 • 203
* 상구보리 하화중생 • 205
* 사홍서원 • 207

제4장 21세기 불자들이 사는 법

* 임신중절에 대한 입장 • 213
* 자살에 대한 입장 • 215
* 안락사에 대한 입장 • 217
* 장기기증에 대한 입장 • 219
* 정당방위의 살인에 대한 입장 • 221
* 사형제도에 대한 입장 • 222
* 기업을 경영하는 불자의 자세 • 225
* 장사하는 불자의 마음가짐 • 227
* 전쟁에 대한 입장 • 229
* 환경보호에 대한 입장 • 231
* 오늘을 사는 불자의 자세 • 233

부록

멘토에게 묻습니다
"이럴 땐 어떻게 하나요?" • 237

1장

불, 법, 승
삼보에 귀의합니다

제1장

불, 법, 승
삼보에 귀의합니다

■ 삼보

불교는 싯달타 태자가 진리를 깨달아 부처님이 되면서 시작된다. 스스로의 인간적인 노력에 의해 성립된 종교이므로 불교가 추구하는 궁극의 목적도 대단히 인간적인 데 있다. 불교의 핵심은 깨달음에 있다. 누가 만든 것이 아니라 엄연히 존재하는 근본 법칙인 진리를 깨달으면 누구나 부처님이 될 수 있다는, 순수하게 인간의 이성과 의지에 기초한 합리적인 실천으로 이 세상에서 충분히 실현가능한 것을 목표로 삼고 있다.

그러한 불교의 목적을 한 마디로 하자면, 상구보리(上求菩提) 하화중생(下化衆生)의 이념을 구현하는 것이라 할 수 있다. 위로는 열심히 수행 정진하여 스스로 석가모니부처님께서 성취하신 것과 같은 깨달음을 얻는 것이고, 아래로는 중생들을 교화하여 참된 지혜와 자비의 삶으로 인도하는 것이다.

석가모니부처님께서는 일찍이 보리수 아래에서 우주와 인생을 관철하는 최고의 진리를 깨달아 인간으로서 도달할 수 있는 최상의 경지, 즉 아무런 걸림이나 장애가 없이 영원히 자유롭고 평안하며 고요한 상태인 열반에 이르셨을 뿐만 아니라 온갖 탐욕과 무지와 격정 속에서 미망의 삶만을 거듭하고 있는 인류를 구원하기 위하여 가르침의 횃불을 높이 드셨다. 한 사람이라도 더 진리의 세계로 인도하고자, 앉았던 자리가 따뜻해질 사이도 없이 평생을 전도여행에 바치셨던 석가모니부처님의 생전의 모습에서 참으로 완성된 삶의 진정한 의미를 느낄 수 있다. 그러므로 우리도 부처님을 본받아 스스로의 완성된 삶을 추구해나감과 아울러 이웃에도 일깨워 도덕적으로나 정신적으로 각성된 사회, 다시 말해 정의롭고 자유로우며 평등하고 평화로운 사회를 이루어가는 것, 그것이 불교의 궁극적 목적이다.

이러한 불교에서 신앙의 대상으로 삼고 있는 것을 삼보(三寶)라고 한다. 삼보라는 말은 '세 가지 보배'라는 뜻으로 불자들이 신명을 바쳐 수호해야 할 대상을 의미한다. 그 세 가지는 '불(佛)', '법(法)', '승(僧)'이다. '불'이란 부처님이고, '법'이란 부처님의 가르침, '승'이란 불교의 교단을 의미한다.

부처님이란, 일찍이 우리와 같은 한 인간으로 이 세상에 태어나 늙고 병들고 죽지 않으면 안되는 인생의 현실에 대해 깊이 고뇌하던 끝에 출가 수행하시어 35세 때 마침내 최고의 진리를 깨닫고 부처님이 되신 석가모니부처님을 시작으로, 그와 같은 진리를 깨닫고 완성된 삶으로 나아가신 모든 분들을 말한다.

부처님의 가르침이란, 모든 이들을 미망으로부터 일깨워 참된 삶으로 나아가게 하기 위하여 펼치신 석가모니부처님의 가르침이다. 다시 말해 우주와 인생의 참된 이치이자 영원하고도 보편타당한 진리를 의미한다.

교단이란 그와 같은 진리에 입각하여 참답게 실천수행하는 불자들의 공동체를 말한다.

그러므로 삼보란 다른 말로 불교의 교주와 교리 및 교단을 의미한다고 할 수 있다. 불교에서는 법회나 각종 의식을 거행할 때 삼귀의례로부터 시작하고 있는데 그것은 바로 이상과 같은 삼보에 대한 우리 자신의 존경과 신뢰를 다짐하는 의식인 것이다.

1) 불 : 누구를 따를 것인가

　부처님이란 말은 인도의 옛말 붓다(Buddha)에서 온 우리 말이다. 본래는 깨달은 이, 진리에 눈뜬 이라는 의미를 지니고 있다. 중국에서는 그것을 한자로 번역할 때 소리나는 대로 옮겨 '불(佛)' 또는 '불타(佛陀)'라고 하기도 했고, 뜻으로 옮겨 '각자(覺者)' 등으로 쓰기도 했다. 그러므로 우주와 인생에 깃들어 있는 영원하고도 보편타당한 최고의 진리를 깨달은 이가 부처님이고 그로 인해 완성된 삶으로 나아간 이가 부처님이다. 또한 누구나 그와 같은 진리를 깨닫기만 하면 부처님이 될 수 있으며 실제로 불교에서는 일찍이 인류 역사 속에 실재하셨던 석가모니부처님만이 아니라 다른 많은 부처님들이 계심을 가르치고 있다.

　예로부터 불교에서는 부처님만 지니고 계시는 위대한 덕성(德性)을 여래십호(如來十號)라고 해서 다음과 같은 열 가지 별명으로 설명해 왔다.

　1. 여래(如來) : 이와 같이 온 이, 다시 말해 부처님은 진리로부터 온 이라는 뜻이다.

2. 응공(應供) : 마땅히 공양받을 만한 이
3. 정변지(正遍知) : 바르고 보편타당하게 아는 이
4. 명행족(明行足) : 지혜와 실천을 겸비한 이
5. 선서(善逝) : 깨달음의 세계로 잘 간 이
6. 세간해(世間解) : 세상을 잘 아는 이
7. 무상사(無上士) : 더없이 높은 분
8. 조어장부(調御丈夫) : 사람들을 올바르게 길들이는 이
9. 천인사(天人師) : 하늘과 인간의 스승이 되시는 분
10. 불세존(佛世尊) : 깨달은 어른

석가모니부처님

　석가모니부처님은 우리와 같은 한 인간으로 이 세상에 태어나 우주와 인생의 최고 진리를 깨닫고 완성된 삶으로 나아가신 역사상 그 실체를 확인할 수 있는 유일한 부처님이다.
　지금으로부터 2,600여 년 전 인도의 동북부 지방 히말라야 기슭에 있던 작은 나라인 카필라바스투에서 아버지 숫도다나왕과 어머니 마야부인 사이에 태자로 태어났다. 태자의 이름은 모든 것이 다 이루어진다는 의미의 싯달타였다.
　태자의 탄생에는 다음과 같은 설화가 전해진다.
　마야부인이 태자를 낳기 위해 당시의 풍습대로 친정인 콜리성을 찾아가던 길에 룸비니동산에서 갑자기 산기를 느껴 아쇼카나무 꽃가지를 잡고 옆구리로 태자를 출산했다. 그때 천지가 진동하고 하늘에서는 꽃비가 내렸으며 온갖 천신들이 나타나 예배하고 연못 속에선 용들이 나와 오색의 따뜻한 물을 뿜어 태자를 씻어주었다. 갓 태어난 태자는 사방으로 일곱 걸음씩을 걸은 뒤에 "하늘 위와 하늘 아래에 오직 나 홀로 존귀하도다[天上天下唯我獨尊]. 온 세상이 모두 고통 속에 잠겨 있으니 내 마땅히 이를 편안하게 하리라[三界皆苦吾當

安之]"라는 선언을 했다.

　태자가 옆구리로 태어났다는 것은 석가모니부처님이 왕족 출신이었음을 나타내고, 탄생 때의 이변들은 부처님의 등장으로 말미암아 인류역사에 엄청난 변화가 일어났음을 일컬으며, 일곱 걸음을 걸은 것은 부처님이 육도윤회(六道輪廻)에서 벗어나 해탈(解說)을 이루셨음을 가리키는 것이라고 한다.

　특히 '천상천하유아독존(天上天下唯我獨尊)'이라는 선언은, 부처님이 이 세상을 고통에서 구제하려고 오신 분임을 강조하는 것이자, 이 세상 모든 존재 가운데 가장 고귀한 것은 오직 자기 자신뿐이라는 그야말로 인간의 존엄성에 관한 일대선언이었다고 할 수 있다.

　생모인 마야부인이 태자를 낳은 지 이레만에 돌아가시고 이모 마하파자파티의 손에 의해 양육되게 된 것을 제외하고는 생활에 별다른 어려움이 없이 풍족한 유년시절을 보내고 총망받는 젊은이로 성장한 싯달타 태자는 이윽고 생노병사라는 인생의 근원적인 문제에 부딪쳐 심각하게 고뇌하던 끝에 29세 때 자신에게 주어진 모든 권한과 부모처자를 버리고 출가수행자가 되기로 결심하였다.

　태자의 출가동기에 대해서는 예로부터 '사문유관(四門遊觀)'이라 불리는 설화가 전해오고 있다.

　태자가 동서남북의 네 대문 밖으로 유람을 나간 적이 있었는데, 거기에서 각기 추하게 늙어버린 노인·병들어 신음하는 환자, 죽은 사람의 장례행렬 및 출가수행자를 만났다는 것이다. 그리고 그 자리에서 늙고 병들고 죽어가지 않으면 안되는 우리 인생의 유한한 현실에 충격을 받은 태자는 마침내 자신도 출가수행자가 되어 영원히 죽지 않는 불사(不死)의 도(道)를 구하기로 결심했다는 것이다. 철저히 유한하면서도 그저 헛되이 보내기엔 너무도 안타까운 우리 인생의 진정한 의미를 찾아내어 보다 완전한 삶, 보다 참다운 삶을 영위해야겠다는 욕구가 태자로 하여금 모든 것을 포기하고 출가수행의 길로 들어서게 한 것이다.

출가 후 6년간 당시의 전통적 수행방법인 선정과 고행의 피나는 노력을 했지만 궁극적인 만족을 얻을 수 없었던 태자는 35세 때 마침내 두 가지 수행을 모두 포기하고 네란자라 강변의 보리수 아래에서 깊은 명상에 잠겨있던 중 샛별이 뜨는 것을 보고 크나큰 깨달음을 이루어 진리의 완성자, 곧 부처님이 되셨다.

석가모니부처님의 석가모니란 부처님의 출신 부족인 사캬족 출신의 성자라는 뜻이다.

보리수 아래에서 최고의 진리를 깨닫고 부처님이 되신 석가모니부처님은 그 이후 인류역사상 유례가 없을 만큼 완벽하고도 완전한 삶의 모습을 보여주셨다. 깨달음이야말로 부처님을 부처님일 수 있게 한 것이라면 우리들은 그 깨달음의 내용을 다름 아닌 부처님의 삶의 모습에서 확인할 수 있는 것이다.

경전에 의하면 석가모니부처님은 깨달음을 이룬 직후에 잠시 사람들에게 가르침을 펴지 않을 생각을 하셨다고 한다. 왜냐하면 부처님이 깨달은 진리는 너무도 깊고 미묘한 것이어서 온갖 욕망에 사로잡혀 있는 일반인들은 얘기해봐야 알아듣지 못할 것이라는 생각 때문이었다. 최고의 진리를 깨달았으므로 더 이상 의지할 스승도 없다고 생각하며 진리의 기쁨 속에 머무셨다고 한다. 그러나 곧, 부처님이 깨달은 것은 진리로 말미암은 것이므로 그 진리를 의지처로 삼고 스승으로 삼아 진리의 전파에 평생을 바치기로 생각을 바꾸셨다. 그리하여 석가모니부처님은 녹야원(鹿野苑)에서 교진여(憍陳如) 등 다섯 비구를 상대로 최초의 가르침을 펴신 이래 80세에 열반에 드실 때까지 오직 스스로의 헛된 욕망과 어리석음으로 고통받는 중생들의 제도에만 매진하셨다.

이러한 중생들을 제도하기 위해 석가모니부처님이 이 세상에 나투신 모습을 여덟 가지로 표현한 것이 '팔상(八相)', 혹은 '팔상성도(八相成道)'이다.

첫 번째는 '도솔내의상(兜率來儀相)'으로, 석가모니부처님은 본래 도솔천에서 호명보살(護明菩薩)로 계시다가 적당한 때가 되자 이 세상 중생들을 구제하기 위하여 오셨다는 것이다.

두 번째는 '비람강생상(毘藍降生相)'으로, 룸비니동산에서 마야부인의 몸을 통해 이 세상에 태어나신 것을 일컫는 것이다. 비람이란 룸비니를 뜻한다.

세 번째는 '사문유관상(四門遊觀相)'으로, 태자 시절에 성문 밖으로 유람을 나갔다가 생노병사의 괴로움을 깨닫고 출가를 결심하게 되신 것을 이야기한다.

네 번째는 '유성출가상(踰城出家相)'으로, 한밤중에 카필라밧투성을 떠나 출가수행자가 되신 것을 이야기한다.

다섯 번째는 '설산수도상(雪山修道相)'으로, 출가수행자가 되신 석가모니부처님이 히말라야 산 속에서 6년간 수도하신 것을 일컫는다.

여섯 번째는 '수하항마상(樹下降魔相)'으로, 보리수 아래에서 깊은 명상 끝에 드디어 우주와 인생의 최고 진리를 깨닫고 부처님이 되신 것을 말한다. 전설에 의하면 부처님의 성도가 임박하자 마왕이 무리를 이끌고 나타나 수행을 방해했는데, 마왕을 굴복시킴으로써 마침내 깨달음을 이루셨다고 한다.

일곱 번째는 '녹원전법상(鹿苑轉法相)'으로, 녹야원에서 다섯 비구를 상대로 최초의 설법을 하신 것을 말한다.

마지막으로 여덟 번째는 '쌍림열반상(雙林涅槃相)'으로, 쿠시나가라의 두 그루 사라(沙羅)나무 아래에서 열반에 드신 것을 이야기한다.

불기 : 부처님이 열반하신 해

석가모니부처님이 열반하신 해를 기준으로 오늘날 우리들이 사용하고 있는 불기(佛紀)를 헤아린다. 서기 2011년은 불기 2555년인데 이것은 석가모니부처님이 입멸하신 지 2555년째가 되었음을 가리키는 것이다.

오늘날 세계 공통으로 사용하고 있는 불기는 남방불교의 전승을 인정하여 1956년에 불멸 2500년을 기념하는 제1차 세계불교대회를 개최한데서 비롯되었다. 우리 나라는 전통적으로 서력기원 1027년 전에 부처님께서 열반하셨다는 북방불교의 불기를 사용하였으나 1967년부터 공통 불기를 사용하였다.

삼신불 : 시공의 많은 부처님

석가모니부처님이 입멸하시고 나서 어느 정도 세월이 흐르자 부처님의 본질은 과연 무엇인가, 부처님은 무엇으로 말미암아 그토록 완성된 삶의 모습을 보이실 수 있었을까 하는 부처님에 관한 탐구들이 일어나게 되었다. 그 결과 나타난 것이 삼신설(三身說)이라는 사상이다.

삼신설이란 부처님에게는 그 성격상 법신(法身)·보신(報身)·화신(化身)이라는 세 가지 몸이 갖추어져 있다는 것이다. 여기에서의 몸은 육신이 아니라 본질 또는 기능을 의미하는 것이다.

법신이란, 부처님이 부처님일 수 있는 근거는 그 깨달으신 진리에 있으므로 진리가 바로 부처님의 본질이라는 입장이다. 그리고 이 같은 법신의 입장에서 바라볼 때 부처님은 시작도 끝도 없는 영원 속에서 세상만물 안에 두루 내재하여 계시므로 이 세상 모든 것은 부처님의 화현 아닌 것이 아무 것도 없다고 할 수 있다. 이러한 부처님 즉, 법신불을 비로자나부처님이라고 한다.

보신이란, 부처님은 일정한 서원이나 수행의 과보로서 부처님이 되셨으므로 부처님의 또 다른 본질은 그와 같은 수행 또는 원력이라고 해야 한다는 입장이다. 보신으로 이루어진 부처님 즉, 보신불로는 아미타부처님이나 약사여래부처님같은 분을 예로 든다.

화신은 응신(應身)이라고도 하는데, 부처님의 기능이 중생의 구원이므로 구원할 사람들의 요구에 응하여 그들과 같은 모습으로 태어나신 부처님을 가리키며, 석가모니부처님이 그 예이다.

이처럼 진리의 부처님과 수행의 과보로서의 부처님과 현신하신 부처님이 출현한다는 것은 석가모니부처님뿐만 아니라 시간과 공간에 많은 부처님이 존재한다는 의미를 갖는다. 따라서 시간적으로는 석가모니부처님 이전 아득한 과거에 계셨다는 비바시(毘婆尸)부처님을 비롯하여 시기(尸棄)부처님, 비사부(毘舍浮)부처님, 구류손(拘留孫)부처님, 구나함모니(拘那含牟尼)부처님, 가섭(迦葉)부처님 등이 출현하고, 미래세에 이 세상에 출현하실 것이라는 미륵부처님이 등장한다. 또한 공간적으로는 많은 극락에 머무는 부처님을 이야기한다.

우리들이 역사적인 입장에서 확인할 수 있는 불교의 창시자는 석가모니부처님이며, 그 이전에 계셨다는 부처님들이나 그 밖의 다른 부처님들은 모두가 석가모니부처님의 가르침을 통해서 우리에게 알려지게 된 분들이다. 다시 말해 그와 같은 부처님들은 석가모니부처님의 가르침을 담고 있는 경전에 의해서 그 이름을 확인할 수 있는 분들이다.

　부처님이란 영원하고도 보편타당한 최고의 진리를 깨달음으로써 부처님이 되셨다. 그 진리는 부처님이 이 세상에 계시든 계시지 않든간에 이미 존재하는 것이다. 그러므로 그와 같은 진리가 상존하는 한 언젠가는 그것을 깨닫는 분이 있을 수 있고, 따라서 여러 부처님들이 계심을 믿을 수 있는 것이다.

비로자나부처님

　비로자나(毘盧遮那)부처님은 달리 비로사나불(毘盧舍那佛)이라고도 쓰고 줄여서 노사나불(盧舍那佛) 또는 자나불(遮那佛)이라고도 한다. '비로자나'란 인도의 옛말 '바이로차나'를 소리나는 대로 옮긴 것으로 본래는 태양을 의미하던 말이었다. 그러므로 뜻으로 옮길 때는 '변일체처(遍一切處)' 또는 '광명변조(光明遍照)'라고 하는데, 태양이 모든 곳을 두루 비추는 데 비유한 번역이다. 밀교에서는 '대일여래(大日如來)'라고도 한다.

　비로자나부처님은 「화엄경」과 밀교경전들의 교주인 법신불(法身佛)로서, 우주와 인생에 깃들어 있는 영원무변하고 보편타당한 진리를 당체로 하는 부처님이다. 석가모니부처님을 비롯한 모든 부처님들의 본질인 진리 그 자체를 인격화해서 모시는 부처님으로, 온 우주에 두루 충만해 있고 이 세상 모든 것 안에 내재해 있다. 세상만물이 모두 이 비로자나부처님의 화현인 것이다. 진리를 몸으로 하고 있는 비로자나부처님의 속성상 특별한 형상이 있을 수 없지만, 사찰에서 모시는 비로자나부처님의 불상은 흔히 지권인(智拳印)이라고 해서 오른손으로 왼손의 집게손가락을 말아 쥔 손모양을 하고 있다. 여기에서 오른손은 부처님의 세계를 뜻하고 왼손은 중생세간을 뜻하는 것으로, 부처님과 중생, 깨달음과 어리석음이 본래 둘이 아님을 나타내고 있다. 비로자나부처님을 모신 전각을 보통 화엄전(華嚴殿), 비로전(毘盧殿) 또는 대적광전(大寂光殿)이라 부르고 있다.

아미타부처님

아미타(阿彌陀)부처님은 무량수불(無量壽佛) 또는 무량광불(無量光佛)이라고 번역하는데, 「아미타경」이나 「무량수경」, 「관무량수경」 등에서 주로 설해지고 있는 부처님이다.

「무량수경」에 의하면 이 부처님은 아득한 옛날 세자재왕불이라는 부처님 아래에서 출가하여 법장비구로 있을 때 유명한 48대원을 세우고 오랜 동안 수행을 쌓았기 때문에 그 과보로 부처님이 되신 것으로, 현재는 서쪽으로 10만억 국토를 지나 극락(極樂)이라는 곳에서 가르침을 베풀고 계신다고 한다.

여기에서 극락(極樂)은 불교의 이상향인 불국토를 말하며, 안양(安養) · 무량수불토(無量壽佛土) · 무량광불토(無量光佛土) · 무량청정토(無量淸淨土)라고도 한다. 극락의 즐거움은 아미타불의 본원에 의해서 성취된 깨달음의 즐거움이다. 이 세계는 여러 가지 보배로 장식되어 있으며 그 외의 모든 것이 아름답기 그지없는 비할 데 없이 훌륭한 곳이다.

법장비구의 48대원은, 누구든지 그 곳에 가기를 원하여 이 부처님의 이름을 열 번만이라도 부르면 모두 그곳에 태어나게 하겠다는 것을 비롯하여 모두가 중생구제를 위한 대자비의 맹세들로 가득 차 있다. 그래서 먼 옛날부터 아미타부처님은 많은 이들의 신앙의 대상이 되어왔다. 괴로운 삶의 현실에서 허덕이는 중생들에게 극락에 왕생하여 보다 편안하게 불도를 닦을 수 있다는 희망을 주고 계시는 분이 바로 아미타부처님이다. 이와 같은 아미타부처님을 사찰에서 모실 때는 보통 좌우에 관세음보살과 대세지보살, 또는 관세음보살과 지장보살을 함께 모시며, 아미타부처님이 모셔진 전각은 무량수전(無量壽殿), 극락전(極樂殿) 등으로 불리고 있다.

미륵부처님

　미륵(彌勒)부처님은 먼 훗날 이 땅에 출현하셔서 중생들을 제도하실 미래세의 부처님으로, 지금은 도솔천에서 천인들을 위해 설법하고 계시는 분이다. 그러므로 아직은 부처님이 아니므로 미륵보살이라고도 한다. 미륵이란 인도의 옛말 마이트레야를 소리나는 대로 옮긴 것으로 본래는 사랑, 우정, 자애 등을 의미하던 말이었다. 따라서 한문으로 번역할 때는 뜻으로 옮겨 '자씨보살(慈氏菩薩)'이라고도 한다. 초기경전에서는 석가모니부처님의 제자 가운데 한 사람으로 미륵이라는 이름이 등장하고 있기 때문에 본래 실존인물에서 유래된 것이 아닌가 하는 견해도 있다.

　이 부처님에 대한 믿음이 본격적으로 일어나게 된 것은「관미륵보살상생도솔천경」과「미륵당래하생경」,「미륵대성불경」등이 나오고부터이다. 이 가운데에서「미륵상생경」과「미륵하생경」의 내용에 따라 역사적으로 미륵부처님에 대한 믿음은 상생신앙과 하생신앙의 두 가지 양상을 띠고 있다.

　상생신앙이란 현재 미륵보살이 계시는 도솔천에 태어나기를 희구하는 아미타신앙과 흡사한 왕생신앙이고, 하생신앙이란 앞으로 이 땅에 출현하실 미륵부처님을 숭상하여 십선업을 닦으며 그분의 구원을 기다리는 것이다. 「미륵하생경」에 의하면 장차 전륜성왕이 지배하는 세상이 오면 미륵이 태어나 용화수 아래에서 깨달음을 이루고 세 차례의 설법으로 무수한 중생들을 제도하여 이 땅에 용화세계(龍華世界)를 건설하시리라고 한다. 이와 같은 미륵부처님을 모신 전각을 우리는 용화전(龍華殿), 미륵전(彌勒殿), 자씨전(慈氏殿)이라고 한다.

약사여래부처님

약사여래(藥師如來)부처님은 동방으로 갠지스강 모래알 수의 열 배에 해당하는 국토를 지나 정유리정토(淨琉璃淨土)라는 곳에 계신다고 한다. 본래 「약사여래본원경」, 「약사유리광칠불본원공덕경」 등에서 주로 설해지고 있는 이 부처님은 보살이었을 때 12가지 서원을 세우고 수행을 하여 부처님이 되셨다고 한다.

12가지 서원 중에 장애 있는 모든 사람들이 온전한 몸을 갖게 할 수 있게 하거나, 나쁜 왕이나 강도 등의 고난으로부터 모든 중생들을 구원할 수 있을 것, 모든 중생들이 배고픔을 면하여 안락하게 할 수 있을 것, 가난해서 의복이 없는 이들이 훌륭한 옷을 얻게 할 수 있을 것 등이 담겨 있다. 그러므로 대의왕(大醫王)이라는 별명에 걸맞게 모든 이들을 질병으로부터 구원할 뿐 아니라 중생들에게 온갖 현세이익을 베푸는 구제불(救濟佛) 가운데 한 분으로 모셔지고 있다.

이 부처님은 사찰에 모실 때는 보통 약사전(藥師殿)이라는 전각에 일광보살과 월광보살을 함께 모시며 손에 약병을 들고 계신 모습이 특징이다.

관세음보살

대승불교의 수많은 불보살 가운데에서 대중들과 가장 친근한 분이 바로 관세음보살(觀世音菩薩)이다. 관세음보살은 달리 관자재보살(觀自在菩薩), 광세음보살(光世音菩薩), 관세자재보살(觀世自在菩薩), 또는 줄여서 관음보살(觀音菩薩)이라고도 한다.

「법화경」「보문품」에 의하면 이 보살의 이름을 특히 관세음이라고 하는 이유는 언제나 세간의 소리를 관찰하고 계시기 때문이다. 갖가지 고난을 겪고 있는 중생들이 관세음보살의 이름을 듣고 일심으로 그 이름을 부르면 그에 따라 33가지 응화신으로 나타나서 즉시 구원하신다고 한다.

「관무량수경」에 의하면 이 보살은 사람이 죽어갈 때 아미타부처님을 모시고 나타나 그를 극락세계로 맞이해 간다고 하며, 「화엄경」에서는 바다에서 재난을 당한 이들을 구호하는 분이라고 한다.

불교의 깊은 교리를 알든 모르든 관계없이 누구나 어려움에 처하여 관세음보살의 이름을 부르면, 부르는 사람들의 바람에 따라 언제 어디서든지 그 모습을 나투어 구원을 베푸시는 분이 바로 관세음보살이다. 그러므로 중생구제의 대승정신을 온 몸으로 구현하고 계신 자비의 화신이라 할 수 있으며, 그런 만큼 예로부터 이 보살에 대한 신앙이 성행하여 수많은 영험담이 전해 내려오기도 한다.

관세음보살은 일반적인 성관음(聖觀音) 이외에도 천수(千手), 십일면(十一面), 백의(白衣), 수월(水月), 여의륜(如意輪) 등 여러 가지 모습으로 모셔지고 있는데, 이는 대상에 따라 다양한 관세음보살의 구제활동을 제각각 형상화시켜낸 것이다. 관세음보살을 모신 전각은 원통전(圓通殿), 대비전(大悲殿), 관음전(觀音殿) 등으로 부르고 있다.

문수보살과 보현보살

문수보살(文殊菩薩)과 보현보살(普賢菩薩)은 석가모니부처님의 양옆에 모시기도 하고 때로는 비로자나부처님의 좌우에 모시기도 하는 보살로, 각기 지혜와 행원(行願)이라는 부처님의 두 가지 커다란 덕성을 상징하는 분이다.

문수보살의 문수라는 이름은 본래 인도말 만주슈리를 소리나는 대로 옮긴 '문수사리(文殊師利)'를 줄인 것으로, 달리 '만수실리(曼殊室利)'라고도 하고 '묘길상(妙吉祥)' 또는 '묘덕(妙德)'이라 번역하기도 한다. 여러 대승경전에 두루 등장하여 주로 부처님의 지혜를 대변하는 역할을 수행하는 분으로, 비교적 초기에 속하는 경전에서부터 나오고 있으므로 본래 대승불교가 성립할 당시의 실재 인물에서 유래된 분이 아닌가 하는 견해도 있다. 문수보살을 사찰에 모실 때는 손에 칼을 들고 있거나 사자를 타고 있는 형상을 한 경우가 많은데, 이것은 번뇌를 단호하게 끊어버리는 칼이나, 용맹과 위엄의 상징인 사자를 통해 지혜의 준엄한 성격을 암시한 것이다.

보현보살은 '변길(遍吉)'이라는 이름으로 불리기도 하는

데, 주로 깨달음과 중생구제를 향한 실천행의 의지 즉, 행원을 상징하는 보살이다. 그러므로 문수보살이 사자를 타고 있는 데 비해 보현보살은 흰 코끼리를 탄 경우가 많은 것도 행원이라는 것의 성격을 반영하는 것이다. 묵묵하지만 꾸준히 한 길을 가는 코끼리를 통해서 보살도(菩薩道) 실천의 올바른 자세를 일깨우는 것이다. 이와 같은 보현보살의 뛰어난 실천력은 특히「화엄경」「보현행원품」에 잘 나타나 있다.

　문수보살과 보현보살은 지혜와 실천이라는 두 가지 이상을 통해 대승보살도의 영원한 귀감이 되고 있는 것이다.

지장보살과 대세지보살

　지장보살(地藏菩薩)은 다른 이름으로 '지지보살(持地菩薩)', '묘당보살(妙幢菩薩)' 또는 '무변심보살(無邊心菩薩)'이라고도 하며「대승대집지장십륜경」,「지장보살본원경」,「점찰선악업보경」등에서 주로 설해지고 있는 보살이다.
　「지장십륜경」에 의하면 지장보살은 석가모니부처님이 입멸하신 후 미륵부처님이 이 땅에 출현하실 때까지 육도윤회의 현실세계에 몸을 나투어 중생들을 구제하도록 석가모니부처님으로부터 위촉받은 분이라고 한다. 흔히 지옥에서 고통받는 중생이 아무도 없어 지옥이 텅빌 때까지 성불하지 않겠다는 서원으로 유명한 이 보살에게는 대원본존(大願本尊)이라는 수식어가 붙어 다닌다. 말하자면 중생 제도의 맹세가 누구보다도 장하고 위대한 분으로서, 그 원력의 힘으로 자신의 안락은 뒷전으로 돌리고 지옥이든 천상이든 고통받는 중생이 있는 곳이면 어디든 쫓아가서 그를 구원하는 분이다.
　지장보살은 흔히 삭발을 한 채 지팡이나 지혜를 상징하는 보배구슬을 든 형상을 하고 계신 경우가 많은데, 특히 지옥중생들의 제도와 관련하여 명부전(冥府殿)이나 지장전(地藏

殿)의 본존으로 모셔지기도 하고, 경우에 따라서는 관세음보살과 함께 아미타부처님의 옆에 모셔지기도 한다.

　대세지보살(大勢至菩薩)은 '득대세(得大勢)', '대정진(大精進)'이라고도 하며 본래 관세음보살과 함께 아미타부처님을 보좌하는 보살로 잘 알려져 있다.

「관무량수경」에 의하면 관세음보살이 이마에 아미타부처님의 화불을 모시고 있는 데 비해, 대세지보살은 보병(寶甁)을 지니고 있는 것만이 다를 뿐 그 형상이 관세음보살과 거의 흡사하다고 한다. 따라서 역사상 독립적으로 신앙된 일은 없이 다만 아미타부처님의 지혜를 상징하는 보살로만 모셔지는 분이다.

석가모니부처님의 십대제자

석가모니부처님의 제자 가운데 특히 뛰어났던 열 분을 우리는 부처님의 10대제자라고 부른다.

첫 번째는 사리푸트라로, 우리들이 사리불(舍利弗) 또는 사리자(舍利子)라고 하는 분이다. 지혜가 특히 뛰어났던 분이기 때문에 지혜제일이라고 한다.

두 번째는 마하목갈라나로, 목건련(目犍連) 또는 목련(目連)으로 알려진 분이다. 신통력이 뛰어났으므로 신통제일이라 하는데, 효성이 지극해서 어머니를 지옥에서 제도한 일화로 유명하다. 사리푸트라와 함께 초기 교단의 양대 지주 역할을 했지만, 두 분 모두 부처님보다 일찍 세상을 떠났다.

세 번째는 마하카사파로, 대가섭(大迦葉) 또는 그저 가섭(迦葉)이라고 한다. 금욕적인 생활이 뛰어났으므로 두타(頭陀)제일이라고 한다. 석가모니부처님이 입멸하신 후 교단의 후계자가 되어 경전의 결집을 주재했다.

네 번째는 아니룻다, 즉 아나율(阿那律)이다. 수행을 너무 열심히 하다 눈이 먼 일화로 유명한데, 안 보고도 아는 신통을 얻었으므로 천안(天眼)제일이라고 한다.

다섯 번째는 수부티, 즉 수보리(須菩提)이다. 연기설을 잘 이해했으므로 해공(解空)제일이라고 한다.

여섯 번째는 푼나만타니풋타, 즉 부루나(富樓那)이다. 뛰어난 설법으로 전법에 힘을 쏟아 설법제일로 불린다.

일곱 번째는 마하캇챠나, 즉 가전연(迦旃延)이다. 부처님의 가르침을 풀어서 설명하는 데 뛰어나 분별제일이라 한다.

여덟 번째는 우팔리, 즉 우바리(優波利)이다. 석가족 이발사 출신이나 그 누구보다 계율을 잘 지켜 지계(持戒)제일이라 한다.

아홉 번째는 라훌라, 즉 라후라(羅睺羅)이다. 석가모니부처님의 친아들로서 다른 사람 모르게 선한 일을 잘 하여 밀행(密行)제일이라 한다.

열 번째는 아난다, 즉 아난(阿難)이다. 부처님을 가까이 모시며 설법을 가장 많이 들어 다문(多聞)제일이라 한다. 결집에서 부처님 말씀인 경을 염송하였다.

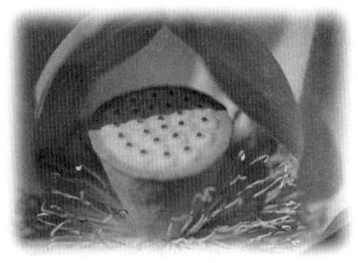

2) 법 : 무엇을 믿을 것인가

 석가모니부처님은 일찍이 보리수 아래에서 우주와 인생을 관철하는 궁극적인 진리, 즉 영원하고도 보편타당한 최고의 이치를 깨닫고 부처님이 되셨다. 석가모니부처님은 과연 무엇을 깨달아 인류역사상 유례가 없는 최고의 성자가 되신 것일까?

 예로부터 부처님께서 깨달으신 진리의 내용이 무엇이었나 하는 것만큼 중요한 논제가 없었다. 불자들의 궁극적인 목적이 부처님과 같은 깨달음을 이루어 스스로도 부처가 되는 것인 만큼, 부처님이 깨달으신 진리의 내용을 밝히는 것 그 자체가 이미 불교수행의 핵심이기 때문이다. 그러나 부처님의 가르침을 전하고 있는 경전들에는 깨달음의 내용을 구체적으로 밝히기보다 깨달음으로 이르는 방법만이 주로 설해져 있다. 왜냐하면 석가모니부처님의 기본적인 입장은 어디까지나 불자들이 가르침을 무작정 신봉하기보다 스스로 노력해서 깨닫게 하는 데 있었기 때문이다.

 흔히 불교의 가르침을, 달을 가리키는 손가락에 비유하는 이유도 바로 여기에 있다. 그러므로 일단은 손가락에 의지하여 달을 찾아야겠지만, 달을 보는 것은 어디까지나 스스로의 일이며 그때 달이 어떻게 생겼는가 하는 분별은 저절로 이루어질 것이라는 게 불교의 기본입장이다.

경전의 말씀에 의하면 석가모니부처님이 깨달으신 진리는 부처님이 이 세상에 나오셨든 나오지 않으셨든 본래부터 존재하는 것이고, 석가모니부처님도 그 진리를 깨달아 부처님이 되셨다. 그러한 진리를 불교에서는 '법(法)'이라고 한다.

불교에서는 법(法)을 법보(法寶)라고 해서 부처님 및 교단과 더불어 삼보의 하나로 대단히 중요시하고 있다. 법이란 말은 인도의 옛말 다르마를 한자로 번역한 것으로, 소리나는 대로 옮길 때는 '달마(達磨)'라고 한다. 이 말은 본래 유지하는 것, 인간의 행위를 지키는 것 정도의 의미였는데, 인도에서는 관습, 습관, 의무, 사회제도나 질서, 착한 행위, 진리, 본질, 종교의 의무 등 대단히 다양한 의미로 쓰였다. 불교에서도 법이라는 개념은 진리, 법칙, 행위규범, 바른 것, 사물이나 존재, 본성, 부처님의 가르침 등의 의미로 쓰이고 있다.

부처님의 깨달음에 의하면 이 세상 만물은 모두 그와 같은 법칙을 근거로 존립하는 것일 뿐 독자적인 실체를 지닌 것이 아니므로 사물이나 존재, 본성 따위도 불교에서는 법이라고 부르게 되었다. 뿐만 아니라 부처님이 가르치신 것도 그러한 진리였고, 부처님이 권장하신 바른 길, 착한 행위도 모두 그와 같은 진리 이외에 다른 것이 아니었다. 따라서 불교에서의 법은 진리 이외에도 사물이나 존재, 본성, 올바른 행위, 부처님의 가르침 등을 의미하는 말로 쓰이게 되었던 것이다.

부처님께서 설하신 가르침은 부처님 한분의 깨달음으로 끝나지 않고 부처님께서 법을 세상의 모든 중생에게 굴리셨기 때문에 법륜(法輪)이라고 한다. 중생의 번뇌를 없애는 데 한 사람, 한 장소에만 국한하지 않고 계속 교화하셨기 때문에 가르침의 법을 계속 구르는 수레바퀴에 비유하는 것이다.

석가모니부처님께서 처음 보리수 아래에서 깨달음을 성취하시고 자신이 깨달은 법이 심히 난해하여 범천(梵天)에게 깨달은 법을 중생에게 전해야 할지 물어보셨다는 이야기가 있다. 이 이야기를 범천권청(梵天勸請)이라 하며 내용 속에는 부처님께서 법을 어떻게 전하실까 고민하신 모습이 잘 표현되어 있다. 범천의 권청에 따라 부처님께서는 녹야원에서 다섯 비구에게 첫 가르침을 펴셨는데, 이것이 불법이란 바퀴를 처음으로 굴리신 유명한 초전법륜(初轉法輪)이다.

초전법륜 때 부처님께서는 다섯 비구에게 욕락과 고행의 두 극단을 버리고 중도(中道)를 취해야 할 것을 가르치셨으며, 사성제(四聖제)의 법문으로 그들을 깨우쳐 진리의 세계에 이르게 하셨다. 부처님께서는 초전법륜으로부터 쿠시나가라에서 열반에 드시기까지 끊임없는 대자대비의 마음으로 법륜을 굴리셨다. 대부분 무명의 어리석음 속에 갇혀 있는 중생은 무명이 발하는 어두운 빛으로 인생의 진실을 알기 어렵지만 이러한 중생들에게 부처님은 자신의 깨달음에만 머물지 않고 진리의 법을 세간에 전하셨다.

지금도 변함없이 부처님의 가르침은 사람들 사이에 전해지고 있으므로 진리는 중생과 더불어 영원히 살아 있는 것이다. 이는 불교의 가르침 자체가 어느 한 곳에 머무르지 않고 끊임없이 전파되는 것을 가장 중요하게 보기 때문이다.

삼법인 : 현실에 대한 정확한 관찰

부처님의 가르침은 현실에 대한 정확한 관찰에서부터 시작된다. 불교에서는 예로부터 그와 같은 부처님 가르침의 가장 큰 특징을 삼법인(三法印)이라는 말로 요약해왔다.

첫 번째는 제행무상(諸行無常)으로서, 이 세상 모든 현상은 덧없다는 것이다. 세상에 영원한 것은 아무 것도 없다는 뜻으로서, 우리도 언젠가는 죽어갈 것처럼 일체 모든 존재는 끊임없는 변화의 과정 속에 놓여 있다는 것이 불교의 첫 번째 진리이다.

두 번째는 제법무아(諸法無我)로서, 세상 만물에는 독자적인 실체랄 것이 없다는 것이다. 우리들은 모든 사물들에 나름대로의 본성이라는 것이 있어 그것이 그 사물을 다른 모든 것과 구별시켜주는 것으로 이해하기 쉽지만, 잘 살펴보면 어떤 것이든 그것이 그것일 수밖에 없는 독자적인 성품은 아무 데도 없다는 것이다. 왜냐하면 이 세상 만물은 일정한 원인과 조건에 의한 결과로서 존재하는데, 그 원인과 조건 자체가 끊임없이 변하고 있기 때문이다.

세 번째는 일체개고(一切皆苦)로서, 모든 것은 괴롭다는 뜻이다. 현실은 끊임없이 변해 가는 것이고 독립 불변의 실체가 없는 것임에도 불구하고 우리들은 그것이 영원하고 본질적이기를 바라고 집착하기 때문에 세상은 괴로울 수밖에 없다는 것이다.

이와는 달리 세 번째의 일체개고 대신 열반적정(涅槃寂靜)을 넣어 삼법인이라 하는 경우도 있고, 네 가지 모두를 들어 사법인이라 하는 경우도 있는데, 이때의 열반적정이란 불교에서 가르치는 이상적인 경지인 열반만이 모든 고통이 사라진 참으로 고요하고 안온한 상태라는 뜻이다.

연기(緣起) : 세상의 법칙

세상에 대한 정확한 관찰인 삼법인을 기본 입장으로 하는 불교에서는 이 세상이 이와 같이 이루어지는 근본원리, 즉 우주와 인생에 깃들어 있는 궁극적인 이치를 설명한다.

불교에서 가르치는 이 세상 모든 것들의 근본 이치 가운데 첫 번째는 인과(因果)의 법칙이다. 세상의 모든 것은 원인이 있으면 반드시 결과가 따르는 인과율의 지배를 받고 있다는 것이다. 흔히 콩 심은 데 콩 나고 팥 심은 데 팥 난다고 하듯이, 하나의 결과에는 그에 상응하는 원인이 반드시 있다는 것이 불교의 가르침이다.

두 번째는 인연(因緣)의 법칙이다. 세상만물의 변화는 인과 연, 즉 원인과 조건의 상호작용에 따른다는 것이다. 예를 들면 새싹이 트는 데는 씨앗이라는 직접적인 원인뿐 아니라 적당한 온도와 수분, 햇빛 등의 간접적인 조건들도 똑같이 필요한 것과 같은 이치이다.

세 번째는 상의상관성(相依相關性)이다. 만물은 인과와 인연의 법칙에 따르고 있지만, 개개의 사물들은 다시 서로가 서로를 의존해서 존립하는 관계에 있다는 것이다. 부모가 되려면 자식이 있어야 하지만, 자식은 또 부모가 있어야 있을 수 있는 것과 같은 이치이다.

　마지막으로 이런 이치들을 잘 헤아려보면 만물에는 일정한 법칙이 내재되어 있고 그런 법칙성이 바로 만물의 본질이라는 것이다. 세상 만물은 그 자체가 진리를 담고 있고, 또 그 진리야말로 만물을 만물이게 하는 근원이라는 것이 불교의 가르침이다. 불교에서는 이와 같은 세상의 이치를 한 마디로 연기(緣起)라고 한다. 연기란 서로가 서로를 말미암아 함께 일어난다는 뜻이다.

업과 윤회 : 우리 인생의 현실

이 세상 모든 것은 덧없고 실체가 없으며 괴로울 뿐이라는 관찰을 바탕으로 우리 인생의 현실에 대해서 불교는 특히 업(業)과 윤회(輪廻)로 설명하고 있다.

윤회는 먼 옛날부터 인도사람들 사이에서 굳게 신앙되어온 가르침으로서, 모든 생명체는 죽은 다음에 영원히 사라져버리는 것이 아니라 몸을 바꿔서 다시 태어난다는 것이다. 그러므로 생명체는 모두 오랜 기간동안 끊임없이 생사를 거듭하고 있으며, 사람은 자신의 업에 의해 내세에 천상과 같이 더 좋은 곳에 태어날 수도 있고 짐승이나 지옥처럼 더 나쁜 상태로 태어날 수도 있다는 것이다.

그러한 내생을 결정하는 요소인 업에 대해 대부분의 인도 전통사상들은 신에 대한 정성어린 제사나 자신의 신분에 걸맞는 삶을 가르쳤다. 인도는 전통적으로 카스트라는 계급제도가 엄격히 유지되던 사회로서, 내세까지도 현재의 계급과 연관시켜 하층계급의 사람은 단지 자신의 직분에 만족하며 성실히 살아야 한다는 것이었다. 그런데 석가모니부처님은 그 업이라는 것에 대해 종래와는 전혀 다른 해석을 통해 인간의 평등을 선언하셨다.

즉 인간의 의지적인 행위가 업이고, 인간은 자신의 행위에 의해 천해지기도 하고 고귀해지기도 한다는 것이다. 특히 부처님의 가르침에 따르면 업에는 신체적인 행위나 말뿐만 아니라 마음속의 생각까지도 포함된다. 그리고 선업을 지으면 좋은 과보를 받고 악업을 지으면 나쁜 과보를 받는데, 그 과보는 현세에 받기도 하고 내세에 받기도 한다는 것이다. 그러므로 불교의 입장에서는 자신의 업에 의해 어쩔 수 없이 생사의 고통을 거듭하고 있는 것이 우리 인생의 현실이며, 그와 같은 고통에서 벗어나는 길을 설하신 것이 바로 부처님의 가르침이다.

이처럼 자신의 행위의 결과로서 태어나고 늙고 병들고 죽어가는 고통을 거듭하고 있는 우리 인생의 괴로운 현실은 도대체 어디에서 유래하는 것일까?

부처님의 가르침에 따르면 그것은 우리들이 진리에 대해 무지하기 때문이다. 우주와 인생에 깃들어 있는 궁극적인 이치를 밝게 깨달아 알지 못하기 때문에 인간은 스스로의 현실에 얽매여 온갖 업을 지으며 헛되이 윤회한다는 것이다. 그와 같이 진리에 대해 무지한 상태를 무명(無明)이라고 한다.

우리는 왜 진리를 쉽사리 깨닫지 못하고 무명 속을 헤매는 것일까? 불교에서는 중생들에게 번뇌가 아주 많다는 의미에서 백팔번뇌(百八煩惱)라는 말까지 쓰듯이, 그러한 번뇌들이 중생들의 눈을 가리고 있기 때문에 웬만큼의 노력으로는 올바로 진리에 접근하기가 어렵다고 설명한다. 그리고 그러한 번뇌들 가운데 가장 뿌리깊은 것으로 탐욕과 분노와 어리석음의 세 가지를 꼽는다. 이것을 탐(貪)·진(瞋)·치(癡)의 삼독(三毒)이라고 부르는데, 번뇌의 작용이 독약과 같으므로 삼독이라고 한다.

경전에는 삼독의 속성에 대해 여러 가지 설명이 베풀어지고 있다. 가장 대표적인 것을 들어보면, 탐욕과 분노와 어리석음은 각기 물감이 풀어진 물, 끓고 있는 물, 이끼가 낀 물과 같아서 그런 물에 얼굴을 비춰볼 수 없는 것과 마찬가지로 중생들은 마음이 번뇌로 덮여 있기 때문에 진리를 올바로 보지 못한다고 한다. 그러므로 번뇌가 없는 깨끗한 마음을 닦아 나가는 것이 바로 불교의 수행이라고 할 수 있다.

사성제 : 불교의 실천원리

윤회의 고통 속에 있는 인간 삶의 현실을 직시하며 이러한 상황에서 벗어나 보다 가치 있는 인생을 성취하기 위한 가르침을 제시하는 불교는 그 실천원리를 사성제(四聖諦)로 설명하고 있다.

사성제란 네 가지 성스러운 진리라는 뜻으로, 경전에서는 모든 부처님의 가르침은 이 네 가지 진리 안에 포함되지 않는 것이 없다고 한다.

첫 번째는 고성제(苦聖諦)로서, 괴로움에 관한 진리이다. 나고 늙고 병들고 죽는 것만이 괴로움이 아니라, 사랑하는 사람과 헤어지는 것, 미워하는 사람과 만나는 것, 구하지만 얻지 못하는 것 등 우리 인생은 온통 괴로움 투성이라는 것이 첫 번째 진리이다.

두 번째는 집성제(集聖諦)로, 괴로움의 원인에 관한 진리이다. 이 세상이 이와 같이 괴로운 데는 분명한 원인이 있으며, 그것은 다름 아닌 인간의 갈애(渴愛)때문이라는 것이다. 갈애란 타는 듯한 목마름과도 같은 집착을 뜻하는데, 현실의 모든 것들은 일정한 조건에 의해 일시적으로 존재하는 것임에도 불구하고 우리들은 거기에 끈질기게 집착하고 그로 말미암아 괴로움이 생긴다는 것이다.

　세 번째는 멸성제(滅聖諦)로, 괴로움의 소멸에 관한 진리이다. 괴로움은 갈애 때문에 생기는 것이므로 갈애만 없애면 괴로움은 자연히 소멸하여 영원히 평안하고 안락하며 아무런 걸림이 없는 이상적인 경지에 도달할 수 있다는 가르침이다. 불교에서는 그러한 경지를 열반(涅槃)이라고 한다.

　마지막으로 네 번째는 도성제(道聖諦)이다. 괴로움이 소멸된 이상적 경지에 도달할 수 있는 구체적인 실천방법으로서, 그것은 여덟 가지 바른 길, 즉 팔정도(八正道)를 이야기한다.

열반 : 궁극의 이상적인 경지

불교는 스스로 삶의 괴로움에서 벗어나 영원한 안락을 추구하는 종교라는 뜻에서 이고득락(離苦得樂)의 가르침이라고도 하고 모든 중생들의 고통을 구제하여 즐거움을 베푸는 종교라는 뜻에서 발고여락(拔苦與樂)의 가르침이라고도 한다.

불교에서 이상으로 삼고 있는 영원히 안락한 경지를 열반(涅槃) 혹은 해탈(解脫)이라고 한다. 열반이란 인도의 옛말 니르바나를 소리나는 대로 옮긴 것으로, 본래는 불어서 끈다는 뜻을 지니고 있던 말이다. 우리들 마음속에 깃들어 있는 온갖 헛된 욕망과 집착의 불길이 완전히 꺼져버린 고요하고도 평안한 상태를 말하는 것이다. 그러므로 열반이란 말은 그 의미에 따라 멸(滅)·멸도(滅度)·적멸(寂滅) 등으로 번역되기도 했다.

또한 해탈이란 아무런 걸림이나 장애가 없는 자유자재한 경지를 일컫는 말로서, 특히 윤회에서 벗어난 상태를 이야기한다. 먼 옛날부터 인간 삶의 현실에 대해 끊임없이 나고 죽는 고통만을 거듭하는 괴로운 것으로 파악하고 있던 인도의 여러 종교사상들은 한결같이 그 종교적인 목표를 윤회의 고통에서 벗어나는 데 두고 있었다. 그것이 바로 해탈이었다.

그런데 불교에서는 해탈이 곧 열반이라고 하여 나름대로 독자적인 교설을 정립했던 것이다.

다시 말해 석가모니부처님은 윤회를 인정하고 윤회를 결정하는 요인을 업이라고 보아 선업을 권장하기도 했지만, 보다 궁극적으로 그와 같은 윤회에서 영원히 벗어나는 길은 열반에 있다고 하셨던 것이다. 말하자면 올바른 수행을 통해 우리 마음속의 탐욕과 분노와 어리석음이 완전히 제거된 고요하고 평안한 열반의 경지는 아무런 걸림이 없으므로 윤회에도 구속되지 않는다는 것이다.

팔정도 : 열반으로 나아가는 방법

열반에 이르는 구체적인 방법으로는 팔정도(八正道)라 하여 다음과 같은 여덟 가지 수행을 제시하고 있다.

첫 번째는 정견(正見), 즉 올바른 견해이다. 인생의 현실이나 사물의 이치에 대해 아무런 걸림이 없이 올바르게 바라보는 것이 불교수행의 첫 번째 덕목인 것이다.

두 번째는 정사(正思), 즉 올바른 생각이다. 특히 마음으로 짓는 탐욕과 분노와 어리석음의 세 가지 악업을 제거해나가는 것을 의미한다.

세 번째는 정어(正語), 즉 올바른 말이다. 입으로 짓는 거짓말과 이간질, 욕설, 아부 등 네 가지 악업을 소멸해 가는 것을 의미한다.

네 번째는 정업(正業), 즉 올바른 행동이다. 몸으로 짓는 살생과 도둑질, 음행의 세 가지 악업을 소멸해 가는 것을 의미한다.

다섯 번째는 정명(正命), 즉 올바른 생활이다. 특히 정당한 방법으로 의식주를 해결하는 것을 의미한다. 재가신자들의 입장에서는 올바른 직업을 택하는 것으로 볼 수도 있다.

여섯 번째는 정정진(正精進), 즉 올바른 노력이다. 끊임없이 노력하여 물러섬이 없는 마음가짐을 지니는 것이다.

일곱 번째는 정념(正念), 즉 올바른 기억이다. 옳은 생각들을 잊지 않는 것을 뜻한다.

끝으로 여덟 번째는 정정(正定), 올바른 정신집중이다. 특히 삼매(三昧)의 수련을 통해서 마음을 한 곳으로 모으는 수행을 뜻한다. 말하자면 올바른 참선이나 염불, 기도의 수행이라고 할 수 있다.

중도 : 바름의 기준

그러면 이와 같은 여덟 가지 바른 길의 '바르다'는 것은 과연 어떤 기준에서 올바른 것을 의미하는 것일까? 특히 정견(正見)의 올바른 견해란 어떤 견해를 말하는 것일까?

불교에서 이야기하는 바르다는 것의 기준은 어느 한쪽으로 지나치게 치우치지 않는 자세를 말한다. 이것을 중도(中道)라고 한다.

이 세상 모든 만물은 독자적인 실체랄 것이 없이 서로가 서로를 의지해서 존속하는 연기의 관계에 있다는 것이 불교의 기본적인 입장이다. 그와 같은 현실을 올바로 보고 거기에 입각해서 스스로의 적절한 자리매김을 해나가는 것을 강조하는 것이다. 관계 속에서만 존립하는 사물의 이치를 제대로 살펴 쓸데없는 집착을 버리는 것이 중도이다. 석가모니부처님도 일찍이 보리수 아래에서 크나큰 깨달음을 얻으실 때 지나친 쾌락과 지나친 고행의 두 극단을 떠나 중도적인 태도를 취했기 때문에 부처님이 되실 수 있었다고 한다.

불교에서는 이러한 중도의 입장에 대해 예로부터 다음과 같은 유명한 비유를 들고 있다.

석가모니부처님이 왕사성(王舍城) 죽림정사(竹林精舍)에 계실 무렵 소나라는 비구가 아무리 열심히 수행해도 쉽사리 성과가 나타나지 않자 그만 출가수행을 포기할 생각을 하였다. 그때 부처님은 소나의 그런 생각을 아시고 거문고를 비유로 들어 타이르셨다. 거문고의 줄을 너무 팽팽하게 조이거나 너무 느슨하게 늦추면 제대로 된 소리가 나오지 않는 것과 마찬가지로 수행도 지나친 집착이 없이 적절해야 한다는 것이었다. 너무 조급하다보면 들뜨기 쉽고 너무 미루면 나태해져서 올바른 성과를 얻기 어렵다는 가르침이었다.

부처님의 교화방법

석가모니부처님은 상대의 입장을 충분히 헤아려서 그에 알맞은 가장 합리적이고도 이상적인 교화의 방법들을 채택하셨다. 석가모니부처님의 가르침의 방식을 응병여약(應病與藥)의 대기설법(對機說法)이라고 하는데, 의사가 환자의 질병에 따라 약을 처방하듯이 상대방의 수준이나 이해 정도를 살펴서 상대에게 가장 절실한 가르침을 가장 적절한 시기에 베푸신 것이다.

첫째, 부처님은 설법을 하실 때 비유나 인연담을 많이 사용하셨다. 누구나 알아듣기 쉬운 비유나 설화들을 인용하여 상대가 빨리 이해할 수 있도록 하셨다.

둘째, 부처님은 가르침을 펴실 때 문답을 자주 사용하셨다. 대화를 통해 가르치면서 상대가 올바로 이해하고 있으면 그대로 긍정하기도 하고 틀렸으면 되묻기도 하는 등 다양한 방식으로 상대방의 이해를 도우셨다.

셋째, 운문의 형태로 가르침을 설하신 경우가 많았다. 입으로 염송하기 쉬운 운문을 통해서 암기와 기억을 도운 것이다. 우리들이 자주 접하는 경전 중에 「법구경(法句經)」이 있는데, 그것은 석가모니부처님의 운문으로 된 가르침들을 모아놓은 것이다.

넷째, 당시 사람들에게 잘 알려져 있던 설화나 가르침들에 새로운 의미를 부여하여 재해석하는 방식을 많이 쓰셨다. 기성의 고정관념에 사로 잡혀 있는 사람들에게 그것을 무작정 부정하기보다는 일단 긍정하면서도 새로운 입장에서 올바른 이해를 일깨우신 것이다.

그러나 무엇보다 독특했던 부처님의 교화방법은 위의(威儀)를 통한 방법이었다. 최고의 진리를 깨달은 이의 참으로 완전무결한 삶의 모습을 대중들 앞에 있는 그대로 펼쳐 보이심으로써 대중들 스스로가 감화받도록 하신 것이다.

3) 승 : 진리 속에 사는 사람

불교에서는 불법승의 삼보를 삶의 지표이자 수행의 의지처로 삼고 있는데, 그 중에는 특히 승보, 즉 교단이 포함되어 있다. 승보의 승(僧)은 본래 승가(僧伽)를 줄인 말로서, 다른 말로는 중(衆) 또는 화합중(和合衆)이라고도 한다. 즉 승가는 화합의 무리라는 뜻으로, 엄격한 계율과 청정한 생활을 통해 진리탐구에만 전념하는 수행공동체를 의미하는 말이다. 그러므로 승가란 처음부터 집단을 일컫던 말로서 출가자뿐 아니라 재가의 신자들까지도 포함된 말이다. 우리가 스님 한 분을 승가로서 공경하는 것은 전체 승가를 대표해서 그 스님을 예우하는 것이다. 또한 승가가 우리들의 공경의 대상이 되는 것은 그와 같은 수행과 화합의 공동체가 존재함으로써 그것이 우리들의 수행이나 올바른 삶에 모범이 되고 부처님의 바른 법이 이 땅에 영원히 존속할 수 있는 계기가 되기 때문이다.

그와 같은 승가의 내부에서는 부처님 당시부터 누구나가 선우(善友)로 통했는데, 화합해서 한 길을 가는 좋은 벗 또는 어진 벗이란 의미로, 우리들이 자주 쓰는 선지식(善知識)

또는 도반(道伴)이라는 말과 같은 뜻이다.

  석가모니부처님은 한때 제자 아난다로부터 승가 안에서 좋은 벗들과 함께 지내는 것은 이미 도를 절반이나 이룬 것과 다름이 없지 않느냐는 질문을 받은 적이 있었다. 그런데 그때 부처님은 좋은 벗을 지니고 좋은 동료들과 함께 지내는 것은 도의 절반에 해당하는 것이 아니라 그 전부라고 하셨다. 말하자면 올바른 수행의 공동체 안에 머물면서 서로 도와 수행해나간다면 언젠가는 열반을 성취할 수 있을 것이므로, 승가가 중시되는 것은 각자의 수행상에 막대한 도움을 주기 때문이라는 가르침이었다.

석가모니부처님 당시의 교단

불교의 교단을 의미하는 승가라는 본래는 공화정을 펴던 고대 인도의 부족 공동체나 상업활동을 위한 조합을 의미하던 말이었다. 그러므로 불교의 교단이 상가라는 말로 불렸던 사실을 보면 많은 사람들의 합의에 의한 민주적인 운영방식이 교단의 기본적인 지도이념이었음을 쉽게 엿볼 수 있다. 뿐만 아니라 불교교단은 출신 부족이나 계급에 관계없이 누구나 입문할 수 있었으며, 일단 교단의 일원이 되면 먼저 출가하고 나중에 출가한 차이에 따른 위아래는 있었지만 대체로 완전한 평등이 이루어지고 있었다. 이것은 특히 계급을 중시하여 계급이 다른 사람과는 결혼은 물론 식사나 대화조차 금지되어 있던 당시의 인도사회에서는 엄청나게 파격적인 일이었다.

출가수행자의 생활은 일반적으로 사의지(四依止)라고 해서 다음의 네 가지 규정이 이상적인 것으로서 제시되고 있었다.

첫 번째는 탁발(托鉢)로서 식사는 걸식에 의해 하루에 한 끼만을 먹었으며, 두 번째는 분소의(糞掃衣)로 옷은 남이 버린 누더기를 고쳐서 입었다. 세 번째는 수하좌(樹下坐)라고 해서 나무 밑이나 숲 속, 동굴 무덤가 같은 곳에서 기거했으며, 네 번째는 부란약(腐爛藥)이라고 해서 병이 났을 때는 소의 오줌을 발효시켜 만든 허술한 약만을 썼다.

말하자면 극도의 내핍과 금욕 및 철저한 계율의 준수만이 초기불교교단의 생활상이었다. 이것은 수행생활의 외적인 형식을 중시해서가 아니라 출가수행자들이 온갖 헛된 욕망과 탐욕을 벗어버리고 오로지 진리의 탐구와 그 전파에만 전념하기 위해서였다. 그리고 그러한 승단의 생활을 똑같이 지내며 평생을 보낸 이가 바로 석가모니부처님이셨다.

불자들의 수행과 화합의 공동체인 승가는 출가자뿐 아니라 재가 신자까지도 포함한 칠부대중(七部大衆), 혹은 사부대중(四部大衆)으로 이루어져 있다.

여기에서 칠부대중이란 비구(比丘)·비구니(比丘尼)·우바새(優婆塞)·우바이(優婆夷)·사미(沙彌)·사미니(沙彌尼)·식차마나(式叉摩那)의 일곱 부류를 일컫는다. 사부대중은 그 중에서 미성년자를 뺀 비구·비구니·우바새·우바이만을 지칭하지만 보통은 칠부대중과 마찬가지로 불교도 일반을 통틀어서 가리키는 말로 쓰이고 있다.

이 가운데 비구란 출가한 성년의 남자스님을 뜻하고, 비구니란 여자스님을 뜻한다. 어원적으로 본다면 비구와 비구니라는 말은 인도의 옛 말 비크슈와 비크슈니를 소리나는 대로 옮긴 것으로, 본래는 걸식하는 사람을 의미하던 말이다. 그러므로 비구와 비구니는 재가신자들의 보시에 의해 생활하면서 수행과 전도에만 전념하는 전문수행자로, 비구는 250계, 비구니는 348계(남방불교의 경우는 227계와 311계)의 구족계를 수지한다.

우바새란 재가의 남자신자를 의미하는 말로 청신사(清信士)라고도 하며, 우바이는 재가의 여자신자로 청신녀(清信女)라 한다. 인도의 옛말 우파사카와 우파시카를 옮긴 것으로, 돌보아주고 시중드는 사람을 의미하던 말이었다. 그러므로 5계를 지키고 출가스님들의 지도를 받으며 경제적으로 출가수행자들의 생활을 뒷받침하는 것이 재가신자들의 역할이다.

사미란 출가는 했지만 아직 구족계를 받지 않은 20세 미만의 남자를 말하며, 사미니는 구족계를 받지 않은 18세 미만, 식차마나는 18세에서 20세 사이의 여성 출가자를 가리킨다. 이들은 일종이 견습생으로서, 사미와 사미니는 10계를 지니고 식차마나는 정학녀(正學女)라 해서 6법계를 지킨다.

스님들의 계율

스님들의 생활규범을 지칭하는 계율(戒律)이라는 말은 본래 계(戒)와 율(律)이 합해진 말이다. '계'란 자율적인 도덕적 행위를 의미하고 '율'은 승가의 질서를 유지하기 위해 제정된 타율적인 규범을 가리키는 것이다.

계는 인도의 옛말 쉴라를 옮긴 것으로 본래는 습관이나 행위, 성격, 경향 등을 의미하던 말이었는데, 불교에서는 특히 삼학(三學)의 하나로서 이상적인 삶을 추구하기 위하여 자발적으로 실천하는 도덕적 수행을 일컫는다. 대표적인 것으로는 신도들에게도 적용되는 오계(五戒)를 들 수 있는데, 살생과 도둑질, 음행, 거짓말, 음주를 하지 않는 것이다. 이와 같은 계행을 지켜 나가다보면 그것이 습관화되어 마음속에 악이 소멸되고 선을 증장시킬 터전이 마련된다는 것이다.

율이란 비나야를 옮긴 말로, 규칙이나 규율, 규범 등을 의미하던 말이었다. 율은 계와는 달리 교단의 일원으로서 승가의 질서를 어지럽히지 않기 위해 지켜야 하는 생활규범들을 말한다. 특히 이러한 생활상의 규정들은 수범수제(隨犯隨制)

라고 해서 교단에 문제가 생겼을 때마다 석가모니부처님이 새로 제정하신 것들로서, 본질적으로는 계의 정신을 보다 구체적인 상황 속에 적용시킨 것들이라고 볼 수 있다.

　이상과 같은 계나 율의 모든 조항들을 모아놓은 것을 바라제목차(波羅提木叉), 즉 계본(戒本)이라고 한다. 우리 나라 스님들이 의존하고 있는 사분율(四分律)에는 비구에게 적용되는 구족계가 250개 조항으로 되어 있다. 그리고 이 외에도 비구니 348계, 사미 10계, 사미니 10계, 식차마나의 6학법 등이 있으며, 계율 조목이나 제정 유래, 승단의 제도 등을 모두 모아놓은 것을 율장(律藏)이라고 한다.

스님이 되는 과정

 스님이 된다는 것은 세속의 온갖 욕망을 벗어버리고 구도의 길로 들어서는 것을 의미하는 동시에 일정기간의 수련을 마친 다음에는 각종 의례를 집전하고 재가신자들의 신행을 지도하는 성직자가 되는 것을 의미한다. 따라서 각 종단마다 약간씩의 차이가 있기는 하지만, 그 입문에 일정한 자격조건이나 교육의 과정들이 정해져 있다.
 물론 석가모니부처님 당시에는 별다른 격식없이 삼귀의의 서원을 하고 출가를 허락받으면 그것으로 승가의 일원이 될 수 있었다. 그러나 승단이 오랫동안 존속해오면서 차츰 수계의 규정들을 비롯하여 여러 가지 규범들이 필요해졌기 때문에 이 같은 과정과 조건들이 생겨난 것이다.
 우리 나라의 조계종에서는 스님이 되고자 하는 사람은 일단 계를 받기 전에 6개월에서 1년 정도의 일정한 수습기간을 거쳐야 하며, 이 기간에 있는 사람을 행자(行者)라고 한다. 행자기간에는 초심자로서의 여러 가지 계행이나 사찰생활에 필요한 기본의식 및 예의범절 등을 배우는 동시에 밥짓고 나무하는 등 사찰의 온갖 허드렛일을 맡아 한다. 이것은 물론 사찰의 생활풍습을 익힘과 아울러 세속에서의 온갖 인연을 잊고 새로이 태어나기 위해 부과되는 수련의 연장과정이다.

소정의 행자생활을 마치면 사미계나 사미니계를 받게 되는데, 오늘날에는 종단에서 마련한 단일계단인 수계산림에서 최종교육을 받고 엄격한 심사를 거쳐 계를 받는다. 그리고는 강원이나 선원 혹은 승가대학 등에서 보다 전문적인 교육을 받게 되는데, 이런 과정을 거쳐 승납 4년 이상 연령 20세 이상이면 비구계나 비구니계를 받을 자격이 주어진다. 엄밀히 얘기하면 이런 구족계를 받은 이를 스님이라고 하지만 보통은 사미계만 받아도 스님이라고 부른다.

안거

우리 나라 불교에서는 음력 10월 보름부터 정월 보름까지와 4월 보름부터 7월 보름까지 일 년에 두 차례를 각각 동안거(冬安居)와 하안거(夏安居)라고 해서 스님들이 산문 출입을 자제하고 수행에만 정진하는 기간으로 삼고 있다.

이와 같은 안거제도는 본래 석가모니부처님 당시에서부터 유래된 것이었다. 출가수행자들은 어느 한 곳에 머무는 일없이 유행(遊行)하면서 생활하는 것이 원칙이었지만, 인도에서는 무더운 여름이 지나고 우기가 되면 땅속의 작은 생물들이 기어 나오기 때문에 길을 걸어다니다 보면 그것들을 밟아 죽일 염려가 있고 또 교통도 불편한데다가 각종 나쁜 질병들이 나도는 경우도 있어 유행하기에 어려움이 많았다. 그래서 부처님께서 제자들의 제안을 받아들여 우기의 3개월간은 유행을 중지하도록 설하신 것이 안거의 시작이었다.

따라서 이 기간동안은 일정한 장소에 모여 공부와 수행에만 전념하며, 특히 안거의 마지막 날에는 자자(自恣)라는 독특한 참회의식을 거행하는 것이 승가의 전통이 되었다.

이러한 안거의 풍습은 그 후 부유한 재가신자나 왕족들이 건물이나 토지 등을 희사함으로써 스님들이 한 곳에 정착해서 생활하는 사원이 출현하는 계기가 되기도 했고, 또 각지로 돌아다니던 스님들이 주기적으로 모여서 계율이나 승단의 제도 등을 정비하는 기회가 되기도 했다. 말하자면 안거제도를 통해 화합과 합의를 터전으로 하는 승가의 결속력을 재확인하고 승가 고유의 전통을 지켜올 수 있었던 것이다.

우리 나라에서는 기후조건에 따라 여름 석달과 겨울 석달 동안을 안거기간으로 삼게 되었는데, 이 같은 안거를 시작하는 것을 결제(結制)라 하고 끝내는 것을 해제(解制)라고 한다.

자자와 포살 : 스님들의 대중생활

 교단을 가리키는 승가라는 말 자체가 이미 공동체를 일컫는 것이었다는 점에서도 알 수 있듯이 승가에서의 생활은 어디까지나 대중생활을 전제로 하는 것으로서, 스님들에게 부과되는 계율도 그 대부분이 공동체의 생활을 원활하게 유지하기 위하여 제정된 것들이었다.
 그와 같은 승가의 대중생활 가운데 특히 중요한 것으로는 자자(自恣)와 포살(布薩) 및 대중공사(大衆公事)를 들 수 있다.
 자자란 석가모니부처님 당시부터 안거가 끝나는 날에 행해지던 것으로, 스님들이 돌아가면서 대중들 앞에 나서 그 동안 자신의 생활에 잘못된 점이 있었으면 지적해 달라고 청해서 참회하는 것이었다.
 포살이란 보름마다 한번씩 승가의 구성원들이 모두 모여 계본을 읽어나가면서 계율을 어긴 바가 있으면 스스로 나서서 대중들 앞에 참회하는 것이었다. 참회의 방법에는 범한 계율이 얼마나 무거운 것이냐에 따라 승가로부터 추방되는 것에서부터, 그저 고백하고 용서받는 것에 이르기까지 여러 가지가 있었다. 승가가 겉으로만이 아니라 참으로 화합을 유지해가려면 아무도 속으로만 간직하고 있는 죄의식이 없어야 하고, 그 때문에 이와 같은 참회의 의례가 중요시되었던 것이다.

대중공사란 우리 나라 불교에서 지금까지도 실행되는 것으로서, 전체 대중이 모여서 사찰의 크고 작은 일을 기탄 없이 함께 상의한 것이다. 승가는 기본적으로 대중의 합의를 대단히 중요시하므로 율장에는 그와 같은 대중적 합의를 이끌어 내기 위한 토론의 방식에 관해서도 상세한 규정들이 베풀어져 있다.

재가신자들이 교단의 일원으로서 해야 할 일

　재가의 남녀신자를 지칭하는 우바새와 우바이라는 말은 본래 돌보는 사람 또는 시중드는 사람이라는 뜻을 지닌 말이다. 이 말로 보면 교단의 외호, 특히 교단에 대한 경제적인 뒷받침이 재가 신자들의 일차적인 의무임을 알 수 있다.
　오늘날에는 사회 전체가 철저히 산업화되어 있기 때문에 불교계 일부에서도 거기에 발맞춰나가기 위해 스님들이 직접 수익사업을 관장하고 계시는 경우를 볼 수 있지만, 출가하신 스님들의 본분은 어디까지나 수행과 교화로서, 교단의 경제를 지탱하는 것은 생업을 지니고 있는 재가신자들의 몫이라고 해야 할 것이다.
　한편 석가모니부처님 당시의 초기불교적인 전통을 비교적 잘 보존하고 있는 남방의 여러 나라에서는 스님들이 신자들의 복덕을 키우는 밭이라는 복전사상(福田思想)이 대단히 발달해 있어 재가신자들 스스로가 자신들의 복전인 스님들의 수행을 자진해서 돕고 경우에 따라서는 그 수행을 감시하기까지 한다는 이야기가 있는데, 여기에 상당한 시사점이 있다.

 예를 들면 만원 버스에 스님이 타면 남자 승객들이 그 스님 곁으로 파고들어 스님이 여자 승객과 신체적으로 접촉하지 않도록 보호한다는 것이다. 말하자면 스님들의 수행과 청정한 생활을 돕고, 특히 스님들이 할 수 없는 일들을 대신하는 것 역시 재가신자들의 역할인 것이다.

 그러나 이러한 이야기는 출가와 재가를 너무 엄격히 구별하는 태도로서, 적어도 대승불교의 입장에서는 좀 더 적극적인 재가신자들의 자세가 요구된다고 하겠다. 즉 출가나 재가나 위없는 깨달음을 향해 나가는 똑같은 보살로서, 스스로 언젠가는 부처님을 이룰 몸임을 깊이 자각하여 지혜와 자비의 삶을 실현해 가는 것, 그것이 불자들 모두의 길이기 때문이다.

2장

한반도에 꽃핀 찬란한 불교

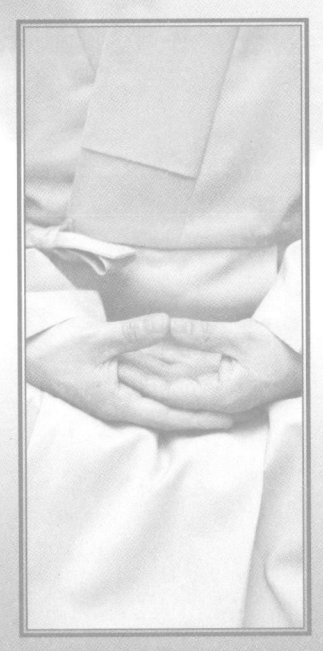

제 2장
한반도에 꽃핀 찬란한 불교

1) 인도에서 한국까지

　석가모니부처님에 의해 창시된 불교는 인도라는 사회 문화적인 토양을 기반으로 성립하고 발전했지만, 2500여 년이 지난 오늘날 인도에만 국한하지 않고 일찍부터 범세계적인 종교로 성장해갔다. 그것은 불교가 그만큼 보편적인 가르침을 지향하는 종교였음을 입증하는 것이다. 불교보다 오랜 연원을 지니고 있거나 불교와 거의 같은 시기에 성립된 힌두교와 자이나교가 아직도 인도의 민족종교로서만 머물고 있는 점과 비교해보면 명백하다.

　불교가 그처럼 보편적인 가르침을 지향하고 있었다는 사실은 불교가 다른 나라의 문화에 대해서 대단히 관용적이고 포용적인 자세를 견지했다는 것을 의미한다.

　예를 들면 부처님의 가르침을 전하는 경전들이 처음부터 아무런 제약 없이 여러 나라 말로 자유롭게 번역될 수 있었다는 점이 한 증거이다. 그러므로 이와 같은 불교의 개방성과 포용성은 나라마다 각기 다른 자연환경이나 기후조건, 생활문화 등을 고려하여 나름대로의 새로운 불교문화들을 다양하게 산출해냈다.

　석가모니부처님은 하루에 한 끼를, 그것도 오전 중에만 먹을 것을 가르치셨지만, 중국이나 한국 등 북방의 추운 나라에서 그것을 지키려면 수행 이전에 건강유지도 어려운 실정이다. 또한 부처님은 출가수행자가 생산활동에 종사하는 것을 금하셨지만, 중국의 선종(禪宗)에서는 스님들이 직접 논밭을 가꾸며 사원 내에서 자급자족체제를 구축함으로써 왕권에 속박받지 않고 건실한 수행풍토를 유지할 터전을 마련할 수 있었다. 결국 부처님의 가르침을 기계적으로만 받아들이기보다 그 참뜻을 헤아려 각각의 처지나 실정에 알맞게 적용시켜 꽃피워낸 것이 각국의 불교문화라고 할 것이다.

　아시아를 비롯한 세계 각국의 불교는 그 양상에 따라 크게 남방불교와 북방불교의 두 가지로 나누어지고 있다. 남방불교란 베트남을 제외한 동남아시아 각국의 불교로서, 스리랑카를 비롯한 태국, 미얀마, 캄보디아, 라오스 등지의 불교를 말한다. 이에 반해 북방불교란 티벳과 중국, 한국, 일본 등의 불교이다.

　한 마디로 남방불교와 북방불교는 인도로부터 남쪽으로 전해진 불교와 실크로드를 거쳐 주로 북쪽으로 전해진 불교를 가리키는 것인데, 남방불교와 북방불교의 주된 차이는 북방불교가 대승불교를 전승하고 있는 데 비해 남방불교는 테라 바다, 즉 상좌부(上座部)의 전통을 계승하고 있다는 점이다.

상좌부란 부처님이 입멸하신 지 100년쯤 지나서부터 시작된 불교교단의 분열을 통해 등장한 20개 부파 가운데 하나로, 교학사상이나 수행의 전통 및 계율의 준수 등에 대해 보수적인 성향이 강한 것을 특징으로 하고 있으며, 한역 「아함경」과 같은 수준의 초기경전인 「팔리어 삼장」을 근거로 하고 있다. 때문에 종래에는 이들 남방불교를 소승불교라고 칭하기도 했지만, 이는 대승불교를 우위에 두는 생각에서 비롯된 오해이다. 오히려 남방불교의 여러 나라에서는 자신들이 정통이라는 강한 자부심을 지니고 있으며 실제로 석가모니부처님 당시의 초기 교단적인 전통이 비교적 잘 보존되어 있는 것이 그들 나라의 불교이다. 그러므로 대승불교의 다분히 유신론적 경향에 의거하여 깨달음 그 자체보다도 청정한 믿음이 좀 더 강조되어 온 북방불교와는 달리, 남방불교에서는 아직도 엄격한 계율과 참된 수행을 중시하고 있는 것이 그 큰 특징이라 하겠다.

경전의 성립

　불교의 경전은 부처님께서 깨달으신 진리를 중생들에게 45년간 설법한 내용을 기록한 성전이다. 오늘날 우리가 접하는 성전은 대부분 한문으로 번역된 것이거나 한역경전을 한글로 번역된 것이다.
　그러나 원래는 인도의 고대 언어인 산스크리트어, 즉 범어나 지방 방언인 팔리어 등으로 기록되었다가 불교의 확산과 함께 각 나라 언어로 번역되었다. 그래서 한자문화권인 우리나라에서는 한문경전을 사용하게 된 것이다.
　경전이 처음 만들어진 것은 부처님께서 열반하신 직후였다. 그때까지만 해도 경전이라는 형식이 없었는데, 그것은 부처님 스스로 당신 자신이 가르친 내용을 기록 또는 어떤 방법으로도 보관하거나 명문화시키려고 하지 않았기 때문이다. 그래서 불교의 교의는 그 가르침을 들은 제자나 신도들의 기억에 의하여 정리되고 전달되어왔을 따름이었다.
　그러다가 부처님이 돌아가시자 각자가 기억하고 있던 내용과 그것에 대한 견해를 통합시켜야 할 필요성이 대두되었다. 왜냐하면 부처님의 말씀을 제멋대로 해석하려는 무리들이 나타났기 때문이다.

 이리하여 제자들 중에서 최고 제자인 마하가섭을 중심으로 계율을 가장 잘 지켰다고 하는 우바리존자가 계율 하나 하나의 항목을 외우고 설법을 제일 많이 들은 아난존자가 교리 부분을 암송하여 모임에 참석한 오백 비구 전원의 승인을 받아 공식적으로 확정지었다. 이것을 제1결집이라고 하는데, 이후에도 여러 차례의 경전편찬회의가 더 있었다.

 이와 같이 공인된 설법내용들은 암송에 의해 전해져오다가 기원전 1세기 경부터 문자로 정착되고, 이것이 중국, 티벳, 실론, 동남아 등지로 퍼져나가 그곳의 언어로 번역되어 오늘날에 이르고 있는 것이다.

 일반적으로 불교경전이라 하면 보통 삼장(三藏)을 일컫는다. 그러나 엄격하게 구별해보면 경전은 삼장을 이루는 한 부분이다.

 삼장이란 첫째 제1결집 때 아난존자가 암기해낸 부처님의 가르침, 즉 교리를 내용으로 하는 경장(經藏), 둘째 우바리존자가 구술한 출가자의 계율과 승단의 규율 등이 담긴 율장(律藏), 셋째 경장에 대한 해석과 연구를 체계화한 논장(論藏)의 세 가지를 가리킨다. 다시 말하면 경장과 율장은 부처님께서 돌아가신 직후에 제자들이 모여 편찬한 부처님께서 생전에 직접 말씀하신 가르침과 불도수행의 규범을 말한다. 그리고 사회가 변화 발전함에 따라 교단 내에 여러 부파가 생겨 전승되어오던 법과 율에 대해 제 나름의 해석을 하게 되었는데, 각각의 입장에서 올바른 이해를 위한 주석서가 등장하였다. 이들을 묶어서 논장(論藏)이라고 한다.

이 세 가지를 좁은 의미에서의 삼장이라고 할 수 있는데, 오늘날 원문으로 남아있는 가장 완전한 형태는 팔리어 삼장뿐이다. 현재 스리랑카, 태국 등 동남아시아 국가들에서 불교의 성전으로서 전승되고 있다.

한편 티벳, 중국, 우리나라, 일본 등 대승불교를 신봉하는 지역에서는 삼장의 의미를 좀 더 넓게 보고 있다. 이들 나라에서는 석가모니부처님 당시의 가장 원초적 경전인「아함경」의 근본취지는 모든 중생이 불도를 함께 성취하여야 하는 것이라고 생각한다. 그래서 이런 취지가 강한 대승경전을 경장 가운데 최고로 취급한다. 왜냐하면 그 내용이 부처님이 직접 말씀하신 가르침을 좀 더 발전적으로 선양하고 있기 때문에 경장으로서의 권위를 갖는 것이다. 그리고 논장에는 인도 고유의 것뿐만 아니라 중국이나 우리나라 등의 고승들이 쓴 논소(論疏)들이 많이 포함되어 있다.

대승불교

　인간 이성에 대한 깊은 신뢰와 삶의 괴로움으로부터의 실질적 해방이라는 기치를 내걸고 창시된 불교는 부처님 당시에 이미 인도대륙 대부분의 지역으로 전파되어 엄청난 민중적 반향을 불러일으켰다. 그러나 세월이 흐르면서 부유한 재가신자나 왕족들의 후원으로 사원제도가 정착되고 출가자들의 생활이 안정돼가자 교단은 점차 고답적인 면모를 드러내게 되었다. 출가수행자들이 지나치게 전문적이고 현학적인 교학연구에만 몰두하여 불교 본연의 임무인 중생교화를 등한히 하게 되었던 것이다.

　그러자 부처님의 사리탑에 대한 예배 등을 통해 신행생활을 영위하던 재가신자들과 그들을 지도하던 일부 출가수행자들이 중심이 되어 기원 전 1세기 무렵 새로운 신앙운동이 일어나게 되었다. 그들은 기존 승단의 폐쇄적인 태도를 소승(小乘)이라 비판하며 스스로를 대승(大乘)이라고 일컬었다.

　대승이란 큰 수레를 뜻하는 것으로, 말하자면 소승이 몇몇 소수의 선택받은 사람들만을 열반으로 이끄는 가르침인 데 반해 자신들의 가르침은 폭넓은 중생구제를 목적으로 한다는 것이었다. 특히 부처님의 전생이야기에 자극 받아 자신들도 현실생활에서 여러 가지 선행을 쌓아나가다 보면 언젠가는 부처님이 되리라는 생각, 즉 스스로 보살이라는 자각을 기초로 성립된 이 새로운 신앙운동은 부처님의 본래 정신을 회복한다는 의미에서 오랜 동안 자유로운 사상적 발전을 이룩하였다.

이와 같은 대승의 교의를 담은 경전들을 대승경전이라고 한다. 「반야경」을 비롯하여 「법화경」, 「아미타경」, 「화엄경」 등의 대승경전들에는 부처님의 대자대비하신 구제력과 아울러 끝없는 보살행 및 중생구제의 원력이 특히 강조되고 있다.

중국의 불교 종파

본래 인도에서 발생한 불교가 중국으로 전파된 이후 상당 기간은 경전을 한역(漢譯), 즉 한문으로 옮기는 것이 커다란 과제였고, 사실상 중국불교의 가장 큰 업적 가운데 하나는 방대한 양의 불교경전들을 거의 남김없이 번역해냈다는 것이다. 그러나 어느 정도의 번역이 완성되자 이번에는 수많은 경전들의 교학사상적 위치를 확인하고 그들 사이의 체계를 세우는 것이 새로운 과제가 되었다.

다시 말해 인도에서의 불교는 일정한 시기를 두고 꾸준히 교학이 발전하며 그때그때 새로운 경전들이 만들어졌지만, 그것이 중국에 전해질 때는 그 발전의 순서나 역사성이 무시된 채, 특히 대승과 소승의 경전들이 마구잡이로 뒤섞여 유입되었으므로 도대체 어떤 것이 부처님 가르침의 본질이고 어떤 것이 부수적인 것인가 하는 강한 의문이 제기되었던 것이다.

따라서 당대의 뛰어난 스님들은 불교교학의 사상적 체계를 세우는 데 모든 노력들을 경주하게 되었는데, 그와 같은 일을 우리는 교상판석(敎相判釋), 또는 줄여서 교판(敎判)이라고 하며 그에 따라 성립된 것이 중국불교의 각 종파(宗派)였던 것이다.

말하자면 불교사상 전반에 대한 나름대로의 해석을 중심으로 독자적인 수행체계와 교단조직을 수립한 것이 종파로서, 이같은 종파를 최초로 세운 이는 천태종(天台宗)의 창시자인 지의(智顗)였다. 그리고 교학상의 다른 입장이나 중요시하는 경전과 수행법에 따라서 화엄종(華嚴宗), 삼론종(三論宗), 법상종(法相宗), 율종(律宗), 선종(禪宗), 정토교(淨土敎) 등 여러 종파가 제각각 발전하여 마침내 종파불교라는 중국불교의 가장 큰 특색을 이루게 되었는데, 이같이 종파를 앞세우는 전통은 한국이나 일본에도 커다란 영향을 미쳐 오늘날까지 이어져오고 있다.

대장경

대장경은 불교의 경전과 논서를 모은 총서로서, 경·율·논의 삼장을 한꺼번에 모아 정리한 것이다. 그래서 중경(衆經) 또는 일체경(一切經)이라고도 한다.

현재 우리가 볼 수 있는 대장경은 세 가지 부류가 있다.

첫째, 팔리어 삼장은 스리랑카 및 동남아시아 각국에서 근본성전으로 받들어지고 있다. 팔리어 삼장은 한역이나 티벳어역의 10분의 1 정도밖에 안되는 분량이지만 삼장을 가장 오래된 형태로 보존하고 있으며, 그 중에서도 특히 「법구경」이나 「숫타니파타」, 「자타카」 등은 우리에게도 잘 알려져 있다.

둘째, 티벳대장경은 인도에서 불교가 쇠퇴하면서 많은 경전이 티벳으로 옮겨졌고, 특히 인도 후기불교의 문헌들이 많이 포함되어 있어서 그 가치가 높이 평가되고 있다. 7세기 무렵 티벳의 왕이 인도로부터 불교를 받아들이기 위해 파견했던 학자들이 귀국하여 불교 전수를 위한 티벳 고유의 문자가 필요함을 인식하고 인도문자를 모방하여 티벳문자를 만들고, 또 문법을 제정한 뒤에 역경을 시작했다. 그러므로 인도

범어로 된 원전을 매우 충실하게 따르고 있으며 경전의 규모도 한역대장경과 거의 비슷하다.

　셋째, 한역대장경은 우리에게 가장 친숙한 것으로서 고려대장경도 여기에 포함된다. 고려대장경과 거의 같은 내용을 담고 있는 중국의 대장경은 10세기 후반 송나라 때 모든 경전을 망라하여 만들어낸 것이 그 시초이다. 본래 중국의 역경작업은 1세기부터 시작되어 천여 년간 꾸준히 이루어졌는데 이후로도 중국, 우리나라, 일본에서 여러 차례에 걸쳐 대장경이 만들어졌다. 그러므로 대장경은 부처님의 팔만사천 법문을 총망라한 경전들의 총서로서, 모든 대소승 경전을 모아놓은 것을 말하는 것이다.

위경

부처님의 이름을 빌어 위조된 경전을 위경(僞經) 또는 의경(擬經)이라고 한다. 인도에서 전래되어 번역된 것들을 모두 진경(眞經)이라 하고 중국이나 우리나라, 일본에서 새로 제작된 경은 위경이라 하는 것이다. 결국 진경과 위경을 가리는 기준은 원전이 인도에서 제작되었고 그 원전의 언어가 고대 인도의 언어인가 아닌가에 달려 있다.

중국에는 매우 많은 양의 위경이 있었던 것으로 알려지고 있다. 불교가 중국에 유입되면서 기존의 사회 사상이나 관습 등이 불교사상과 접합하여 부처님 말씀이라고 하여 크게 유통되었던 것이다. 특히 수나라와 당나라 시대는 위경의 전성기였다.

그러나 그 권위를 인정받지 못함으로써 극히 일부를 제외하고는 대부분이 대장경에서 모습을 감추고 그 이름만이 남아 있다. 위경은 어려운 불교교리를 일반대중에 맞도록 평이하게 설명하여 신앙심을 고취하거나 도교나 민간신앙의 영향을 받아 현세의 복락에 중점을 두기도 하며 통치자와 승려의 비행을 바로잡아 나라를 지키려는 의도 등으로 만들어진 것이 대부분이다. 그러므로 위경이라 하여 무조건 배척하는 것은 잘못이다.

또한 대승불교의 경전들에 대해서도 부처님의 가르침이 아니라는 주장이 있다. 이것은 인도에서 대승불교가 성립할 때부터 있었던 논란인데, 「아함경」만을 부처님의 가르침으로 인정하려는 의도에서 비롯되었다. 그러나 대승경전이든 위경이든 석가모니부처님께서 설법하신 가르침의 근본정신을 담고 있는 경이라면 모두 부처님의 뜻을 바르게 이었다고 보아야 한다.

특히 대승경전은 부처님의 말씀과 뜻을 더욱 선양하여 발전시켰기 때문에 중국과 우리나라 등에서는 오히려 최고로 숭앙하고 있다.

불교의 한국 전래

우리나라에 맨 처음 불교가 전래된 것은, 기록에 의하면 고구려의 17대 왕인 소수림왕(小獸林王) 2년, 즉 서기 372년의 일이다. 이 해 6월에 중국의 북부에 자리잡고 있던 나라인 전진(前秦)의 왕 부견(符堅)이 순도(順道)라는 스님으로 하여금 불상과 경전을 보내옴으로써 공식적인 불교의 전래가 이루어진 것이다. 이어서 2년 후에는 아도(阿道)라는 스님이 왔으며, 그 이듬해에는 초문사(肖門寺)와 이불란사(伊弗蘭寺)라는 최초의 사찰이 세워졌다고 한다. 그러나 이것은 어디까지나 국가간의 공식적인 전래로서, 그 이전에 민간 차원에서는 이미 불교가 들어와 있었던 것 같다.

즉 동진(東晋)의 지도림(支道林)이라는 고승이 이름이 밝혀지지 않은 당시의 고구려 스님에게 글을 보냈다는 기록이 있는데, 지도림이라는 스님은 소수림왕이 즉위하기 이전에 돌아가신 분이므로 연대적으로 훨씬 앞서는 것이다. 사실 소수림왕 시절은 불교가 중국에 전래 된지 400년 가까운 시기이기 때문에 그 이전에 불교가 전래됐을 가능성은 얼마든지 있는 것이다.

한편 백제에 불교가 들어온 것은 제15대 침류왕(枕流王) 원년, 즉 384년 9월에 동진으로부터 바다를 건너 인도의 스님 마라난타(摩羅難陀)가 온 것이 그 처음이다. 그때 왕은 교외까지 나가서 스님을 맞이하고 이듬해 2월에는 한산(漢山)이라는 곳에 절을 짓고 열 사람의 스님을 출가시켰다고 한다.

신라에서 불교가 처음 공인된 것은 이차돈(異次頓)의 순교가 있은 직후인 제23대 법흥왕(法興王) 14년, 즉 527년의 일이다. 그러므로 우리나라에 처음 불교가 들어온 것은 중국을 통해서라는 것이 정설이지만, 오늘날에는 중앙아시아나 남방으로부터 직접 도래했을 가능성도 거론되고 있다.

한국불교의 특징

대부분의 교학사상을 중국을 통해 수입한 우리나라의 불교는 그 전승을 충실히 수용하면서도 나름대로의 독창성과 주체성을 발휘하여 대단히 독특한 발전을 이룩하였다.

대표적인 예로 신라의 불연국토설(佛緣國土說)을 들 수 있겠는데, 신라는 석가모니부처님뿐 아니라 그 이전의 과거불인 가섭부처님 등이 설법하셨던 터가 그대로 남아있는 본래부터 부처님과의 인연이 깊은 땅이라는 것이다. 말하자면 불교를 단지 수입종교로서가 아니라 민족의 주체적인 종교로까지 승화시킨 대단히 질높은 신앙의 한 면모를 엿볼 수 있다..

그러나 한국불교의 보다 본질적인 특징이라고 한다면 통불교(統佛敎), 즉 회통(會統)의 전통을 들지 않을 수 없다. 회통이란 화회소통(和會疏通)을 줄인 말로서 서로 다른 교학상의 주장들을 정리해서 융합시키는 것을 말한다. 다시 말해 중국불교가 종파불교로서 나름대로 불교의 본질을 추구하던 치열한 교학연구가 무수한 갈래로 나뉘어 서로간의 논쟁을 일삼는 종파들로 발전했던 데 반해 한국불교는 그같은 종파불교를 계승하면서도 다시금 그들 사이의 화해와 융합을 시도했던 것이다.

 이러한 회통의 전통은 제일 먼저 원효(元曉)스님의 교학사상에서 나타나는데, 원효스님은 화쟁(和諍)의 논리를 세워 대승과 소승의 수많은 대표적 경론들을 일관된 논지로 해석하고 정리해냄으로써 중국불교의 한계를 극복하는 위대한 과업을 성취하였다. 그리고 이같은 전통은 다시 고려시대 지눌(知訥)스님의 정혜쌍수(定慧雙修)와 조선시대 휴정(休靜)스님의 교선일치(敎禪一致)사상으로 이어졌는데, 오늘날의 한국불교가 통합불교로서 선과 교, 염불, 진언 등을 별다른 무리없이 아울러서 수행하고 있는 원인도 여기에 있다.

한국불교를 대표하는 스님

1600년 한국불교의 역사를 통해서 후세의 우리들에게도 귀감이 되고 있는 훌륭한 스님들은 이루 헤아릴 수 없이 많기 때문에 그 가운데에서 특히 몇 분만을 골라서 거론하기는 대단히 어렵다. 다만 우리 불자들이 꼭 기억해둘 만한 분들을 꼽아본다면, 우선 삼국시대에는 고구려의 승랑(僧朗)과 담징(曇徵), 백제의 겸익(謙益)과 혜총(慧聰), 신라의 원광(圓光)과 자장(慈藏), 대안(大安)스님을 들 수 있다.

이 가운데 승랑은 일찍이 중국으로 건너가 상당한 학술적 성과를 이룬 분이고, 담징과 혜총은 일본에 불교와 함께 많은 문화를 전수하신 분이며, 겸익은 인도까지 가서 경전과 율장을 가지고와 번역한 분이다. 그리고 원광은 세속오계를 설해 화랑도 정신의 기초를 제공한 분이고, 자장은 황룡사 구층탑을 만들고 신라 불교의 기틀을 다진 분이며, 대안은 민중교화에 매진하신 분이었다.

또한 통일신라시대에는 원효(元曉)와 의상(義湘), 원측(圓測), 혜초(慧超)스님 등을 들 수 있다. 이 가운데 원효는 교학의 발전과 민중교화에 지대한 공헌을 한 분이고, 의상은 신라 화엄종의 효시가 되는 분이며, 원측은 중국에서 활약한 학술적인 업적이 뛰어난 분이고, 혜초는 인도에 유학하여 「왕오천축국전」이라는 기행문을 남긴 분이다.

특히 의상스님의 「법성게」는 「화엄경」의 참뜻을 하나의 도면 속에 압축하여 30구의 게송으로 만든 것으로 한국 화엄학의 뿌리이기도 하다. 우리나라에서는 불교의식을 집행할 때 반드시 「법성게」를 외우면서 대중에게 화엄의 진리를 회향하고 있다.

고려시대와 조선시대에는 의천(義天)과 지눌(知訥), 일연(一然) 및 휴정(休靜), 유정(惟政)스님 등을 들 수 있다. 이 가운데 대각국사 의천은 고려 천태종의 창시자이고, 보조국사 지눌은 정혜결사를 일으켜 수행의 풍토를 진작시킨 분이며, 일연은 「삼국유사」를 지어 민족정기를 선양한 분이다.

또한 서산대사 휴정과 사명대사 유정은 임진왜란 때 승병을 조직하여 나라를 지켰을 뿐 아니라 교단의 기풍을 쇄신시킨 분들이다.

고려대장경

중국의 송나라 이후 우리나라와 일본에서도 여러 종류의 대장경이 만들어졌다. 그 중에서도 가장 우수한 것으로 고려에서 만들어진 팔만대장경을 꼽고 있다.

고려시대에는 적어도 세 차례의 대장경 판각이 있었다. 현종 때에는 중국 다음으로 우리나라에서 최초로 대장경의 판본을 만들었으나 몽고군의 침입으로 타버렸다. 문종 때에는 중국은 물론이고 일본에까지 조사단을 파견하여 사라진 문헌들을 수집하여 속장경을 판각하였으나 역시 전쟁으로 말미암아 대부분이 사라져버렸다. 현재 해인사에 보관되어있는 고려대장경은 부처님의 가호로 외적의 침입을 막고자 고종 때에 완성했는데, 경판의 수가 81,137개에 달하므로 흔히 팔만대장경이라고 한다.

고려대장경은 다음과 같은 특징과 장점을 지니고 있다.

첫째, 현재 전하는 대장경판 중에서는 가장 오래된 것이며 여러 차례의 교정을 거친 가장 정확한 경판이다.

둘째, 최초의 대장경판인 송나라 대장경과 거란족이 만든 거란판 대장경의 내용을 아는 데 중요한 자료가 될 만큼 풍부하고 정확한 내용을 담고 있다.

셋째, 다른 곳에 전하지 않는 중요한 문헌들이 담겨 있다. 이곳에 실리지 않았더라면 영구히 후세에 알려지지 않았을 문헌들의 상당수가 팔만대장경을 통해 빛을 보게 된 것이다.

특히 해인사의 팔만대장경은 한역으로 된 다른 어떤 대장경보다 내용이 정확하며 글자의 판각이 정확하고 오자가 없는 점이 우수하다. 오늘날 가장 많이 이용되고 있는 대장경은 1930년 일본에서 만든 대정신수대장경인데, 그 근간이 된 것이 바로 고려 팔만대장경이다. 현재 국보 제32호로서 우리 민족의 불교적 소양과 문화적 역량을 상징할 정도로 가치가 높은 문화유산이다.

호국불교

우리 한국불교의 커다란 특징 가운데 하나를 호국불교(護國佛敎)라고 하는 이들이 있는데, 역사적으로 본다면 실제로 나라가 외침에 의해 위기에 빠졌을 때마다 불교가 난국타개를 위한 정신적 지도원리로서 많은 역할을 했던 것이 사실이다.

예를 들면 삼국시대에 자장율사가 황룡사 구층탑을 세워 신라의 안녕과 삼국통일을 기원했던 일이나 고려시대에 몽고족의 침입에 대항하여 팔만대장경을 주조하여 민심을 수습하고 국론을 통일시키고자 했던 것이 그것이다.

뿐만 아니라 조선시대에는 임진왜란을 맞아 서산대사 휴정스님과 사명대사 유정스님이 중심이 되어 승병을 조직하고 왜적과 직접 맞서 싸움으로써 전란의 와중에서 민족을 구해 낸 일이나, 일제의 식민치하에서 만해(卍海)스님이 조국의 독립을 위해 온몸으로 저항하신 일 등은 이와 같은 호국불교의 전통을 이어온 산 역사인 것이다.

말하자면 불교의 자비정신에 입각하여 민생의 터전이 되는 국가의 안녕을 도모하는 것이 호국불교의 참뜻으로, 그것은 개인의 수행이나 깨달음 못지 않게 중생구제를 중요시하는 대승불교의 정신이 빚어 낸 결정체라고도 할 것이다.

그런데 이와 같은 호국불교의 참된 의미는 자칫 잘못하면 심하게 왜곡될 수 있는 소지를 지니고 있다는 것도 우리 불자들은 명심해야 하겠다. 다시 말해 호국을 앞세워 일부 출가수행자들이 본분을 잃어버리고 지나치게 세속의 정치에 몰입하거나 보수적인 정치집단과 결탁하여 진정한 대중들의 복리를 외면하는 것들은 아무래도 호국불교의 전통을 올바로 계승하는 일과는 거리가 먼 것이기 때문이다.

참다운 호국불교의 이념은 어디까지나 불교의 정법주의, 자비주의, 평등주의의 실현을 통한 불국토 건설에 있음을 알아야 한다.

2) 한국의 불교문화

우리나라의 사찰들에는 산신각이나 칠성각, 독성각, 용왕당 등 불교 본연의 신앙과는 다소 관계가 없는 존상들이 모셔져 있는 경우가 많다. 이것들은 우리나라 전래의 토속신앙이나 중국의 민간신앙인 도교로부터 영향을 받아 불교 안에 수용된 것이다.

불교는 본래 인간 이성에 대한 깊은 신뢰와 합리적인 실천을 기초로 하여 성립된 종교로서, 스스로의 탐욕과 어리석음으로 말미암아 고통 받고 있는 중생들에게 반성의 계기를 제공하고 참된 진리를 일깨움으로써 그들을 구원으로 이끄는 것을 목표로 하고 있다. 그러나 이상과 같은 자기 목적을 구현하는 데 그 어떤 강압적인 방법이나 강제적인 수단을 쓰지 않는 것이 불교의 또 한 가지 커다란 특징으로, 역사상 불교가 개입된 종교전쟁은 단 한 번도 없었다는 사실이 이를 뒷받침하고 있다.

뿐만 아니라 불교의 전파는 언제나 폭넓은 인간 이해와 그를 바탕으로 한 관용성과 포용력이 전제가 되어 왔기 때문에 그 땅의 자연환경이나 기후조건 등을 깊이 고려하고 거기에 사는 사람들의 사회문화를 존중하여 그것들을 무작정 부정하기보다 함께 공존하는 길을 찾아왔다.

따라서 민중교화에 크게 부작용을 일으키지 않는 한 그것이 토속신앙이라 할지라도 불교에서는 과감히 수용하는 자세를 견지해왔는데, 그런 결과가 오늘날 사찰 안에 모셔져 있는 각종 비불교적인 존상이나 토속신앙과 결부된 불교의 민간설화들이다.

다만 최근의 한 연구에 의하면 우리나라에서 토속신들을 모신 전각이 왕성히 사찰 안에 세워지게 된 것은 조선중기 이후라고 하는데, 말하자면 유교 정권의 가혹한 탄압 속에서 명맥을 유지하기 위한 불교계의 필사적인 노력이 그런 형태로 나타난 것이라 보여진다.

사찰과 법당

사찰(寺刹)은 다른 말로 절, 도량(道場), 가람(伽藍)이라고도 하는데, 부처님을 모시고 예배드리는 곳일 뿐 아니라 스님들이 공동생활을 하며 수행하는 곳이고 또 불교의 대중적인 교화활동이 벌어지는 곳이다. 그러므로 우리 불자들의 입장에서 사찰은 불법승의 삼보가 깃들어 있는 신성하고 거룩한 신행의 요람이자 불법의 전승과 전파가 이루어지는 소중한 터전이라고 하겠다.

불교의 역사를 살펴보면 이와 같은 사찰이 처음부터 존재했던 것은 아니다. 본래 초기의 불교교단에서는 무소유를 표방하여 출가수행자들이 한 곳에 머물지 않고 여기저기를 유행하면서 나무밑이나 동굴속 또는 무덤가같은 곳에서 생활하는 것이 일반적인 관례였다. 따라서 승단에 정해진 주거지가 있을 수 없었는데, 나중에 우기 외 3개월 동안은 유행을 중단하고 한 곳에 머물며 수행하는 안거제도가 확립되고 이어서 부유한 왕족이나 재가신자들로부터 원림(園林)이나 정사(精舍)를 기증받는 일들이 늘어나자 점차 승단이 일정한 곳에 정주하게 되면서 출가자들의 집단적인 거주지가 출현하게 되었던 것이다.

그러나 이렇게 해서 등장하게 된 승원은 어디까지나 출가 수행자들이 공동으로 기거하면서 수행하고 공부하던 공간으로서, 오늘날의 사찰처럼 불상을 모셔놓고 예배를 드리며 신앙의례를 행하는 장소가 아니었다. 출가자나 재가신자들의 예배와 신앙의례는 달리 석가모니부처님의 유골을 봉안한 사리탑을 중심으로 해서 이루어지고 있었기 때문이다.

그러다가 오랜 세월이 흘러 불상을 모시는 관습이 일반화되면서 마침내 불상이나 탑 등을 모신 예배의 장소와 출가자들의 거주지가 통합되기 시작하여 오늘날과 같은 다용도의 사찰이 성립하게 된 것이다.

어느 사찰이나 있기 마련인 법당(法堂)이라고 하면 흔히 본존이 모셔져 있는 그 사찰의 중심건물을 지칭하는 것으로 이해하고 있지만, 실제 불상이나 보살상을 모신 전각을 법당이라고 부르게 된 것은 고려시대에 선종이 성행하면서부터이며 고려 초까지만 해도 부처님을 모신 곳은 금당(金堂)이라고 했다.

금당이란 부처님을 금인(金人)이라고 하고 부처님의 가르침을 금구(金口)라고 하듯이 부처님이 모셔진 건물을 지칭하는 것으로서, 이웃 중국이나 일본에서는 아직도 법당이란 말보다 금당이라는 말이 일반적으로 많이 쓰이고 있다.

그러므로 당시까지의 전통적인 사찰에서는 본래 부처님을

모시고 예배를 드리던 금당과 법문을 설하고 대중들이 모여 공부를 하던 강당이 분리되어 있었는데, 특히 선종에서는 부처님에 대한 예배나 신앙의례보다도 법문을 더 강조했으므로 사찰의 중심건물을 불상도 모시지만 주로 법문을 설하는 장소, 즉 법당으로 지었던 것이다. 게다가 규모가 작은 사찰에서는 불상을 모신 곳에서 법문을 설하고 각종 의례를 행했기 때문에 통념상 사찰의 중심건물을 모두 법당이라고 부르게 되었다.

따라서 오늘날 우리들이 사용하는 법당이란 말은 좁은 의미에서는 사찰의 중심이 되는 건물로 그 사찰의 본존을 모셔놓은 곳을 가리킨다고 할 수 있고 넓은 의미에서는 부처님과 보살님들을 포함하여 신앙의 대상이 되는 모든 존상들을 모셔놓은 곳을 지칭한다고 할 수도 있다.

이처럼 법당은 말 그대로 법, 즉 부처님의 가르침이 깃들어 있는 곳으로서, 우리 불자들이 법회뿐 아니라 예불과 참회, 기도, 정근 등을 행하는 장소이다.

사찰의 문

　사찰 입구에서 제일 먼저 마주치게 되는 문을 일주문(一柱門)이라고 한다. 일주문이란 기둥이 한 줄로 늘어서 있다고 해서 붙여진 이름이다. 다른 건물들과는 달리 두 개 혹은 네 개의 기둥을 일직선상에 세우고 그 위에 지붕을 얹어 만든 문으로서, 여기서부터 사원 경내임을 알리는 것이다.
　이와 같이 기둥을 일직선상으로 세운 것에는 사찰의 경계임을 표시하는 이외에도 일심(一心)을 상징한다는 해석이 있다. 세속의 온갖 번뇌로 들끓는 어지러운 마음을 하나로 모아서 오로지 진리에 귀의하는 한마음으로 들어오라는 뜻이 담겨 있다는 것이다.
　또한 이같은 일주문에는 일반적으로 '입차문래(入此門來) 막존지해(莫存知解)'라는 귀절이 적혀 있는 경우가 많은데, 이 문 안으로 들어와서는 보고 듣는 모든 것을 세간의 알음알이로 해석하려 하지 말라는 뜻이다. 중생들의 세간심을 경계하면서 이곳이 바로 진리의 세계로 이르는 입구임을 일깨우는 구실을 하고 있는 것이다.
　이어서 갑옷에 투구를 쓰고 험상궂은 얼굴로 칼이나 창 따위를 든 무시무시한 형상들이 세워진 문이 있는데, 이것이 천왕문(天王門)이다. 천왕문에 모셔진 사천왕(四天王)은 온갖 삿된 세력들로부터 사찰을 지키는 분들이다. 사천왕은 본래 인도의 고대신화 속에 등장하는 귀신들의 왕으로서 각기 수미산 중턱의 동서남북을 관장한다고 하는데, 석가모니부처님께 귀의하여 불법을 수호하는 역할을 자원했기 때문에 이처럼 사찰 입구에 세워지게 되었다고 한다.

 그 중에 동쪽을 지키는 분은 지국천왕(持國天王)으로, 착한 사람에게는 복을 주고 악한 사람에게는 벌을 주면서 언제나 인간을 보살피겠다는 서원을 세웠다고 한다. 온몸에 푸른색을 띠고 있으며 왼손에는 칼을 들고 오른손은 주먹을 쥔 형상을 하고 있다.

 남쪽을 지키는 증장천왕(增長天王)은 만물을 소생시키는 덕을 베풀겠다는 서원을 세웠다고 하는데, 온몸이 붉은색이며 오른손에는 용을 쥐고 있고 왼손으로는 용의 입에서 빼낸 여의주를 들고 있는 형상을 하고 있다.

 서쪽을 지키는 광목천왕(廣目天王)은 웅변을 통해서 온갖 나쁜 이야기를 물리친다는 뜻에서 입을 크게 벌린 것이 특징이다. 온몸이 흰색으로 되어 있고 손에는 창과 탑을 들었으며 악인들에게 고통을 주어 진리를 구하는 마음을 일으키겠다는 서원을 지녔다고 한다.

 마지막으로 북쪽을 지키는 다문천왕(多聞天王)은 비사문천

(毘沙門天)이라고도 하는데, 어둠속을 방황하는 중생들을 제도하겠다는 서원을 세웠다고 한다. 온몸이 검은색을 띠고 있고 손에는 비파를 든 것이 특징이다.

천왕문 다음의 불이문(不二門)은 보통 입구에서부터 법당을 바라보며 일직선상으로 배열되어 있는 경우가 많아, 일주문과 천왕문과 불이문의 세 개의 대문이 산문(山門)의 기본적인 구조를 이루고 있다.

불이문은 달리 해탈문(解脫門)이라고도 하는데, 세 개의 문 가운데 가장 안쪽에 자리잡고 있고 이층으로 지어져 윗층은 누각을 이루고 있는 경우도 있으며 이 문을 들어서면 곧바로 그 사찰의 본존격인 부처님을 모신 법당 앞에 이르게 된다.

이와 같은 구조는 너와 나, 중생과 부처, 미망과 깨달음, 생사와 열반 등 온갖 상대적인 개념들을 초월하여 모든 것이 둘이 아닌 불이(不二)의 경지에 부처님이 계신다는 사실을 공간적으로 상징해놓은 것으로서, 그러한 곳에 이르는 문이므로 불이문이라고도 하고 그와 같은 경지가 곧 해탈이므로 해탈문이라고도 하는 것이다.

그러므로 사찰의 초입에 세워져 있는 일주문이 중생들의 세계와 진리의 세계 사이의 경계를 표시하는 것으로서 불자들에게 세속의 번뇌를 벗어버리고 오로지 진리를 구하는 한 마음으로 들어올 것을 일깨우는 문이고, 천왕문이 거기에서부터 사천왕의 수호를 받는 청정도량임을 표시하여 몸가짐과 언행을 더욱 신중히 할 것을 당부하고 있는 데 비해, 불이문 또는 해탈문은 부처님의 세계에 이르는 마지막 관문임을 나타내고 있다고 할 수 있다.

전각과 법구

우리나라의 전통적인 사찰들에는 여러 가지 크고 작은 전각들이 있고, 거기에는 각각의 이름들이 붙어 있어 제각기 ○○전, ○○각이라고 하고 있다. 그런데 이와 같은 이름들은 아무렇게나 지어진 것이 아니라 나름대로 그 건물에 모셔져 있는 불보살님들에 따른 것으로서, 그 건물의 이름을 보면 그곳에 모셔진 분이 어느 분인가를 알 수 있다.

예를 들면 가장 일반적인 대웅전은 석가모니부처님을 모신 전각으로서, 대웅(大雄)이란 부처님의 별명이기 때문이다. 또 대웅전과 비슷한 것으로 대웅보전이 있는데, 이 경우에는 석가모니부처님과 아울러 아미타부처님과 약사여래부처님을 함께 모신다.

한편 법신불인 비로자나부처님을 본존으로 모신 전각은 비로전, 화엄전, 대적광전 등으로 부르고, 아미타부처님을 모신 건물은 무량수전, 극락전, 아미타전 등으로 지칭하고 있으며, 미륵부처님을 모신 전각은 용화전, 미륵전 등으로 부르고, 약사여래부처님을 모신 곳은 약사전이라고 부른다.

보살들의 경우에도 관세음보살이 본존일 때는 관음전, 광명전, 대비전, 원통전 등으로 불리우고, 지장보살이 본존인 때는 지장전, 명부전 등으로 부르는데, 특히 명부전은 지장보살과 함께 명부의 시왕을 같이 모신 곳이므로 시왕전이라고도 한다.

이밖에 사찰의 주요 전각들에는 나반존자를 모신 독성각, 산신령을 모신 산신각, 용왕을 모신 용신각, 칠성님을 모신 칠성각 등이 있는데, 이들은 모두 토속신앙이 불교에 포섭되어 지어진 건물들이다.

한편 재미있는 것은 전각의 이름에 따라 교리상 그 사찰이 본래 어느 종파의 소속이었나를 알 수 있는 경우가 있는데, 화엄종에서는 관세음보살을 모신 전각을 광명전이라 했고 천태종에서는 원통전이라 했던 것이 그 예이다.

또한 사찰에서는 다양한 법구가 사용되는데, 불음(佛音)을 전하는 사물(四物), 즉 범종·목어·운판·법고가 있고, 이외에 요령, 죽비, 악기, 향로, 다기, 마지그릇, 촛대, 석등 등이 있으며 염주와 같이 수행을 위한 법구도 있다.

몇 가지 대표적인 법구의 용도를 살펴보면 다음과 같다.

종(鐘)은 범종이라고도 하며 절에서 대중을 모으기 위해서나 때를 알리기 위해서 사용되었다. 의식에서는 지옥에서 고통받는 중생을 구제하여 괴로움을 없애고 즐거움을 얻도록 하기 위한 목적으로 사용된다.

법고는 법을 전하는 북이라는 뜻이다. 즉 북소리가 세간에 울려퍼지듯이 불법의 진리로 중생의 마음을 울려 일심을 깨우친다는 의미가 담겨 있다. 북은 홍고(弘鼓)와 소고(小鼓)로 나누어진다. 홍고는 범종과 같이 범종각에 두고 조석예불 때에 치며, 소고는 염불의식 때에 많이 사용된다. 주로 축생을 제도하기 위한 법구이다.

운판은 청동 또는 철로써 구름무늬 모양의 넓은 판을 만들고 판 위에 보살상이나 진언을 새기기도 하며 가장자리에는 용이 승천하는 모양이나 구름과 달을 새기기도 한다. 선종에서 대중에게 끼니때를 알리기 위하여 울렸던 기구였는데, 차츰 불전 사물의 하나로 바뀌어 조석예불에 치는 의식용구가 되었다. 즉 운판이 울리면 공중을 날아다니는 중생을 제도하고 허공을 헤매며 떠도는 영혼을 천도할 수 있다고 한다.

목어는 나무로 물고기 모양을 만들어서 걸어두고 두드리는 것인데, 처음엔 대중을 모으는 데만 사용하였던 것이 뒤에 독경이나 의식에 쓰는 법구가 되었으며 물 속에 사는 물고기를 제도한다고 한다. 목어에서 유래된 목탁은 사람을 모을 때뿐만 아니라 염불, 독경, 예배할 때 등 불교의식에서 가장 폭넓게 쓰이는 도구가 되었다.

3보 사찰

 우리나라 불교의 자랑이라고 할 수 있는 삼보사찰은 각각 불·법·승의 삼보를 상징하는 사찰이다.
 신라시대 자장율사가 창건한 양산 통도사는 부처님 몸에서 나온 사리와 가사가 모셔져 있는 불보 사찰이다. 부처님께서 설법하시던 인도 영축산의 맑은 기운이 그대로 통한다 하여 통도(通道)라 이름하고, 부처님의 가르침으로 모든 사람들을 구제한다는 뜻에서 통도사라 한다. 부처님의 진신사리를 모신 탑이 법당 뒤에 있으므로 우리나라 불보종찰인 통도사 대웅전에는 따로 불상을 모시지 않는다.
 신라시대 순응, 이정 두 스님이 창건하였다는 합천 가야산의 해인사는 부처님의 가르침인 경전을 목판에 새겨놓은 고려대장경을 모시고 있는 법보사찰이다. 해인(海印)이란 모든 사물의 그림자가 넓고 큰 바다에 거울처럼 두루 비치듯이 부처님의 드넓은 지혜의 바다에 온갖 법이 나타난다는 뜻이다. 해인사 장경각에는 고려대장경판이 여러 차례 화재에도 불구하고 잘 보존되어 있다. 이와 같이 해인사는 부처님의 일대 설법을 모신 곳, 즉 법보종찰이므로 대장경각은 대웅전 뒤

제일 높은 위치에 모셔져 있다.

　신라시대 혜린선사가 창건하였다는 승주군 조계산의 송광사는 옛부터 덕높은 국사를 많이 배출하여 그 국사들의 영정을 모신 승보사찰이라 한다. 송광(松廣)이란 송광사가 자리잡고 있는 조계산에서 열여섯 분의 훌륭한 스님이 나와 부처님의 가르침을 널리 폈다는 전설에서 유래하고 있다. 고려시대 보조국사 이후 진각, 청진, 진명국사 등 열여섯 분의 영정이 국사전에 모셔져 있다. 국민과 나라에 큰 가르침을 펴신 스님들이 많이 나오신 곳이므로 송광사를 승보종찰이라 부르며 대웅전 뒤에는 종사가 설법하는 설법전, 즉 승보전이 있다.

5대 보궁

 석가모니부처님의 진신사리(眞身舍利)를 봉안한 사찰 건물 가운데 하나를 적멸보궁(寂滅寶宮)이라 한다.
 이것은 석가모니부처님께서 「화엄경」을 설한 중인도 마가다국 가야성의 남쪽 보리수 아래의 적멸도량(寂滅道場)을 뜻하는 전각이며, 불사리를 모심으로써 부처님이 항상 이곳에서 적멸의 낙을 누리고 있는 곳임을 상징하게 된다. 따라서 진신인 사리를 모시고 있는 이 불전에는 따로 불상을 봉안하지 않고 불단(佛壇)만 있는 것이 특징이다. 불사리는 곧 법신불로서의 석가모니부처님의 진신이 상주하고 있음을 의미하는 것이기 때문이다. 따라서 불상을 모시는 대신 적멸보궁의 바깥쪽에 사리탑을 세우거나 계단(戒壇)을 만들기도 한다.
 우리나라에는 불사리를 모신 곳이 많지만, 그 중 대표적인 곳으로서 5대 적멸보궁이 있다.
 경상남도 양산군 하북면 지산리 영취산 통도사의 적멸보궁, 강원도 평창군 진부면 동산리 오대산 중대에 있는 적멸보궁, 강원도 인제군 북면 용대리 설악산 봉정암에 있는 적멸보궁, 강원도 영월군 수주면 법흥리 사자산 법흥사에 있는 적멸보궁, 강원도 정선군 고한리 태백산 정암사의 적멸보궁이 그것이다.

이 중 태백산 정암사의 적멸보궁을 제외하고는 모두 신라시대에 자장(慈藏)스님이 당나라에서 귀국할 때 가져온 불사리 및 정골(頂骨)을 직접 봉안한 것이며, 정암사의 보궁에 봉안된 사리는 임진왜란 때 사명대사가 왜적의 노략질을 피해서 통도사의 것을 나누어 봉안한 것이다. 5대 적멸보궁 중 오대산의 보궁은 어느 곳에 불사리가 안치되어 있는지 알려져 있지 않아 그 신비성을 더하고 있다.

이들 5대 적멸보궁은 순례지로서 또 기도처로서 불자들의 발길이 끊이지 않는 가장 신봉되고 있는 성지이다.

스님을 부르는 호칭

우리말의 스님이란 스승님의 준말이라는 설도 있고, 승가의 준말 승(僧)에 존칭어미 '님' 자를 붙여 승님이라고 하던 것이 변해서 스님이 되었다는 설도 있어 분명하지가 않지만, 아무튼 스님이라고 하면 불교의 출가수행자를 높여 부르는 말임엔 틀림이 없다.

스님을 높여 부르는 말에는 화상(和尙), 사문(沙門), 대덕(大德), 대사(大師) 등이 있다. 그 중에서 화상이란 본래 스승이란 뜻으로 평생 가르침을 받는 은사스님을 뜻하던 말인데 나중에는 그냥 덕높은 스님을 칭하게 된 말이며, 사문이란 본래 쉬라마나라고 해서 바라문교에 대응하던 인도의 새로운 사상적 지도자들을 지칭하던 말로 석가모니부처님도 사문 중의 한 사람으로 통했는데 그후 불교에서 출가수행자를 일컫게 된 말이다. 또 대덕이란 덕이 높은 분, 대사란 큰스님을 뜻한다.

한편 스님들에게는 그 행적이나 덕성에 따라 여러 가지 호칭을 붙이는 경우가 있는데, 조사(祖師), 종사(宗師), 선사(禪師), 율사(律師), 법사(法師) 등이 그것이다. 이 중에서 조사란 석가모니부처님으로부터 정통의 법맥을 이어받은 덕이 높은 스님들을 일컫는 말이었고, 종사란 한 종파를 일으켜 세운 학식이 깊은 스님들을 가리키는 말이었다. 또한 선사란 오랫동안 선을 수행하여 선의 이치에 통달한 분을 일컫는 말이고, 율사란 계율을 전문적으로 연구했거나 계행이 철저한 분을 지칭하는 말이며, 법사란 경전에 통달하여 부처님의 가르침을 널리 선양하는 스님들을 가리키는 말이다.

　이밖에도 국사(國師), 왕사(王師), 제사(帝師)라는 말이 있지만, 이러한 명칭은 역사적으로 한 나라의 황제나 국왕이 덕 높은 스님들을 나라의 정신적인 지도자로 모시기 위해 위촉했던 직책이었다.

3) 한국의 신행문화

합장

합장(合掌)이란 본래 부처님의 나라인 인도의 전통적인 인사법으로서, 흐트러진 마음을 하나로 모아 상대편에게 공경을 표한다는 의미가 있다. 그러므로 합장하는 마음은 지극한 믿음의 마음이고, 깊은 신뢰와 존경의 마음이다.

합장반배는 실외에서 스님을 만났을 때나 불자들 상호간에 합장을 한 채 가볍게 고개를 숙여 주고받는 인사법으로, 불교의 예법 가운데 가장 널리 알려진 공경의 표시이다.

합장을 할 때에는 먼저 두 손을 가슴 부근에서 서로 맞대어 두 손바닥과 열 손가락이 서로 어긋나거나 벌어지지 않게 한다. 손목은 가슴으로부터 주먹 하나가 들어갈 정도로 떨어지게 하고, 팔목은 거의 수평이 되게 하며, 손끝은 코끝을 향하도록 자연스럽게 세운다. 그리고 이같이 합장한 자세에서 공손하게 윗몸을 숙여 반절을 하는 것이 합장반배이다.

법당에 드나들 땐 부처님을 향해 합장반배를 하며, 스님이나 불자와 마주칠 때는 서서, 법회 도중에는 목탁에 맞추어

앉은 채로 합장반배를 하는 경우가 있다.

합장은 불자의 기본자세이기 때문에 이론적으로 따질 것 없이 무조건 반사적으로 숙달시켜야 할 자세인데, 두 손을 밀착시키고 서로 맞댄 손바닥의 체온을 느낄 때에 무엇인가 합쳐진다는 느낌을 가질 수가 있다. 합장을 통해서 나의 마음을 모으는 것이며 나아가서 나와 남이 서로 대립하는 일 없이 하나의 진리 위에 합쳐진 동일생명이라는 무언의 선언이기도 하다.

두 손바닥이 합쳐지듯 부처님을 향할 때는 부처와 내가 일심에 의하여 하나가 되고자 하는 서원이며, 중생을 향할 때는 상대방에게 마음을 열고 나아가 만난다는 지극히 겸손한 마음의 표현이기도 한 것이다. 그래서 모든 만남과 기도와 예불은 가장 먼저 합장으로 시작하게 된다.

사찰예절

절은 부처님을 모시고 있는 신성하고도 장엄한 곳이고, 스님들이 모여서 열심히 정진하는 수행의 도량이며, 이 세상 중생들이 찾아와 번뇌와 탐욕 등 온갖 더러운 때를 씻어내어 마음을 깨끗이 하는 곳이고, 스스로의 잘못을 참회하고 올바른 삶을 다짐하는 곳이다. 그러므로 절 문에 들어왔으면 집에 돌아갈 때까지 매사를 조심스럽게 행동해야 한다. 화려한 치장을 피하여 단정하고 검소한 옷차림과 부처님께 참배하는 경건한 마음을 지닌다.

절의 입구에서부터 지켜야 할 예절을 알아보면 다음과 같다.

절 문에 들어갈 때에는 중앙을 피하여 왼쪽가나 오른쪽가로 출입하여야 한다. 일주문에서부터 사찰 경내에 해당되므로 법당 쪽을 향해 합장반배를 하고 몸가짐을 정숙히 한다.

일주문을 지나면 입적하신 스님들의 사리나 유골을 모셔놓은 부도와 불법을 수호하는 천상의 신들을 모셔놓은 사천왕문이 있는데, 이곳에서도 합장하고 반배한다. 또 법당이 보이기 시작하는 곳에서도 마찬가지로 합장반배를 하여야 한다.

　법당 앞마당에는 대부분 불탑이 모셔져 있는 경우가 많은데, 탑은 전통적으로 부처님의 사리나 경전을 모신 곳이므로 정성껏 예배한다. 먼저 탑 앞에 서서 합장반배한 다음, 합장한 채로 오른쪽 어깨가 탑 쪽을 향하도록 시계방향으로 세 바퀴를 돈다. 그리고 다시 탑 앞에서 합장반배를 한다.

　절의 경내에 들어와서는 화급을 다투는 중대한 용무가 있는 경우를 제외하고는 먼저 법당에 들어가서 부처님전에 삼배를 드려야 한다. 그리고 사찰에서 나갈 때에는 다시 법당을 향하여 반배한다.

　이 세상 어느 곳이라도 부처님이 안 재신 곳은 없지만 특히 사찰은 불·법·승의 삼보가 모셔져 있는 곳이므로 정중하고 예절바르게 행동해야 한다.

　법당은 사찰에서 가장 중심이 되는 건물로 그 절의 주된 부처님을 모시고 법회나 예불 등 각종 의식을 거행하는 곳이므로 사찰을 찾는 사람은 누구나 먼저 찾아서 예배하여야 한다. 법당 한가운데 있는 계단이나 문은 어간이라고 해서 큰스님들만 사용하시는 곳이므로 일반신자들은 되도록 옆 계단과 옆문을 이용하여야 한다.

　먼저 법당 문 앞에서는 합장반배한다. 그리고는 오른손으로 문고리를 잡은 뒤 왼손으로 오른손을 받들어 조용히 연다. 비나 눈이 와서 우산을 쓰고 왔거나 지팡이를 가져온 경우에는 벽에 기대지 않고 바닥에 눕혀놓는다. 신발을 벗어 바깥을 향하게 가지런히 놓고 들어가며, 뒤따라 들어오는 다른 불자들의 통행을 막지 않기 위해서 한 걸음쯤 앞으로 나아간 자리에서 부처님을 향해 합장반배를 한다. 합장한 채로 부처님께 나아가 향과 초등을 공양한 뒤 뒷걸음으로 물러나서 부처님께 삼배를 올린다.

법당에서는 경건한 마음으로 조용히 하여야 한다. 큰소리로 이야기하거나 아는 사람을 소리쳐 부르는 행위는 삼가야 한다. 법당 안에서 걸을 때에는 항상 발뒤꿈치를 들고 소리가 나지 않게 걸어야 한다. 다른 불자가 절을 하는 머리맡으로 지나다니지 않으며 좌복은 앉고난 뒤에는 원위치에 놓고 나온다. 특히 어간에는 앉지 않으며 어간을 지날 때에는 합장하고 상체를 약간 숙이면서 지나간다.

초나 향은 먼저 꽂힌 것이 있으면 이를 끄거나 빼버리고 자기 것을 꽂는 일은 삼가야 한다. 법당에서 나올 때에도 들어갈 때와 마찬가지로 법당의 옆문으로 와서 부처님께 합장반배를 올린 후 뒷걸음으로 법당 문을 나온다.

조석예불

불교에서 행하는 모든 의식은 깨달음과 중생구제를 위한 방편이다. 따라서 불자들은 깨달음을 위한 수행과 중생구제를 위한 실천을 항상 게을리 해서는 안될 것이다.

예불도 마찬가지이다. 아침저녁으로 하루에 두 차례씩 석가모니부처님을 비롯한 모든 부처님과 여러 보살님께 예경드리는 것을 조석예불이라 한다. 웃어른께 아침저녁으로 문안을 드리는 것과 비슷한 것으로 생각할 수 있다.

아침예불은 새벽 동이 틀 무렵에, 저녁예불은 해가 질 무렵에 드리는 것이 적당하다. 조석예불은 특별한 날을 정해서 행하는 것이 아니다. 불자들은 아무리 바쁘고 피곤하더라도 조석예불을 잊어서는 안된다. 예불은 부처님에 대한 예경의 의미를 지닌 것이며, 자신을 위한 수행의 의미도 함께 지닌 것이기 때문이다.

일반적으로 예불은 다음과 같은 순서로 한다.

첫 번째로 오분향례(五分香禮)는 삼보에 지극한 정성으로 공양을 올리며 예를 드린다는 의미를 가지고 있다.

두 번째로 독경(讀經)은 일반적으로「천수경」이나「반야심경」을 소리내어 읽으며 그 뜻을 음미한다.

세 번째로 발원(發願)은 아침에는 청정하게 계율을 지키고 중생을 위한 자비의 하루가 되기를 서원한다. 저녁에는 하루의 업을 참회하며 무사히 하루를 보내게 해주신 부처님의 자비에 감사하고 내일을 위해 발원한다.

이상이 조석예불의 순서이다. 때때로 아침예불에는 오분향례 대신 청정한 마음을 차(茶)에 담아 예를 올린다는 의미를 지닌 다게(茶偈)로 오분향례를 대신하기도 한다.

사찰뿐 아니라 가정에서도 부처님을 모시고 예불을 올리는 것이 좋지만, 여건이 허락되지 않을 때에는 자신이 다니는 사찰의 법당을 향해 가정에서 예불을 드려도 무방하다.

절에서 하는 예불에 참석했을 때 신자들이 지녀야 할 예절은 다음과 같다.

소리를 내어 염불을 하거나 부처님께 절을 할 때 소란스럽게 하지 않는다. 부처님과 마주한 자리 즉, 어간에 위치하거나 스님들과 나란히 서지 않도록 한다. 예불시작을 알리는 목탁소리가 울리면 법다웁게 동작하며 자리에서 일어나 대중과 함께 예불을 올린다. 예불을 마치고 스님이 축원문을 낭송할 때에는 축원시작 직후 목탁소리에 맞추어 삼배를 올리며 삼배가 끝난 후에는 조용히 서서 마음으로 축원문을 깊이 생각한다.

법당이 아니더라도 집에서 이와 같이 예불을 올려도 되며 기도기간중일 때에는 수행일과 시간에 꼭 예불을 하고 108 배를 올린다.

4대 명절

불교의 사대명절은 석가모니부처님을 찬탄하고 그 뜻을 기리는 의미가 있다. 부처님을 중심으로 한 사대명절은 부처님오신날인 음력 4월 8일, 출가재일인 음력 2월 8일, 성도재일인 음력인 12월 8일, 열반재일인 음력 2월 15일이다.

이 가운데 부처님오신날은 석가모니부처님의 탄생일이기 때문에 불교 최대의 명절이다. 오늘날에는 전세계적으로 부처님께서 세간에 오신 뜻을 기리기 위하여 다채로운 행사가 벌어진다.

다음으로 진리를 구하기 위해 세상의 모든 권력과.부와 명예를 저버리고 출가하신 날 또한 마땅히 기념할 날이다. 신라의 원측스님은 출가를 형출가(形出家)와 심출가(心出家)의 두 종류로 나누어 설명하고 있다. 형출가는 집을 떠나 조용한 곳에서 수행생활을 하는 것이다. 그러나 승려의 지켜야 할 본분과 덕을 잃어버리면 진정한 출가가 아니라고 하였다. 심출가란 넓은 의미의 출가이다. 세속에서 살지라도 청정한 계율을 지키고 살아간다면 참다운 출가라고 하였다. 중생구제를 위한 참다운 실천수행을 의미하는 출가의 참뜻을 받들어 오늘날에는 출가수행하는 스님들을 위한 스님의 날이란 의미도 갖는다.

성도재일은 부처님께서 깨달음을 성취하신 날이다. 깨달음이란 석가모니부처님만이 이룰 수 있는 것이 아니라 누구나 수행정진을 통하여 이룰 수 있는 것이다. 그래서 성도재일을 전후해서 전국의 사찰에서는 부처님과 같은 깨달음을 얻기 위한 용맹정진을 한다.

열반재일은 부처님께서 세속의 생을 마치신 날이다. 그러나 부처님께서 세상에 나오신 것과 법을 설하신 것, 그리고 열반을 보이신 것 모두가 중생구제를 위한 방편일 뿐, 부처님과 부처님의 법은 시공을 뛰어넘어 언제나 영원하다 할 것이다.

재일

　재(齋)란 원래 몸과 마음을 깨끗이 하는 것을 말하지만 불교에서는 열심히 수행하는 것, 혹은 법회에 사용한 공양물을 의미하기도 한다. 따라서 불교에서의 재일이란 부정한 것을 멀리 하여 몸과 마음을 깨끗이 하고 여러 부처님과 보살님들께 공양을 올리는 정기적인 날을 뜻한다.

　오늘날에는 매달 10가지 재일을 지키고 있다. 10가지 재일은 다음과 같으며 날짜는 음력으로 지킨다. 1일은 정광불재일(正光佛齋日), 8일은 약사불재일(藥師佛齋日), 14일은 현겁천불재일(現劫千佛齋日), 15일은 아미타불재일(阿彌陀佛齋日), 18일은 지장보살재일(地藏菩薩齋日), 23일은 대세지보살재일(大勢地菩薩齋日), 24일은 관세음보살재일(觀世音菩薩齋日), 28일은 노사나불재일(盧舍那佛齋日), 29일은 약왕보살재일(藥王菩薩齋日), 30일은 석가모니불재일(釋迦牟尼佛齋日)이다.

　이러한 10가지 재일 중에서 오늘날 우리나라에서 특히 많이 지켜지고 있는 재일은 24일의 관음재일과 18일의 지장재일이다. 예로부터 우리나라에서는 지옥중생을 구원의 길로 인도하는 지장보살과 중생들의 모든 소망을 이루어주는 관세음보살이 대중과 무척 긴밀한 관계에 있었기 때문이다.

관음재일이나 지장재일의 의식은 「천수경」을 독송하고 각각 관음예문과 지장예문, 그리고 정근과 발원의 순으로 행해진다. 관음재일에는 자신의 죄를 참회하고 관세음보살의 자비를 구하는 예문과 정근을 한다. 지장재일에는 돌아가신 분을 위한 발원과 정근을 한다. 즉 돌아가신 영가의 왕생극락을 기원하는 것이다.

재일의 의식도 수행의 한 방편이므로 여러 재일에 행하는 의식은 바로 불교신행과 직결되어 업장이 소멸되며 그 공덕이 자신과 가족 및 조상에게 돌아가게 되는 것이다.

우란분절

 수많은 불교행사의 주요목적은 사람들에게 바르게 살아가는 이상적인 길을 제시해주는 것이다. 특히 효도는 사회적 질서로서 전통적으로 매우 중요한 덕목이다. 불교의 행사는 전통적 우리 고유의 풍습과 결합되어 민속의 의미를 갖는 것이 있는데 대표적인 것이 바로 우란분절이다.
 우란분절은 음력 7월 15일의 백중(百中)과 결합되어 효도의 중요성을 보여주는 불교의 명절이다. 원래 부처님 10대 제자 가운데 한 사람인 목련존자가 지옥에서 고통받고 있는 어머니의 혼을 천도(薦度)한 데서 우란분절이 유래하였다고 한다.
 살생과 삼보를 비방한 죄로 무거운 벌을 받고 있는 어머니의 혼을 음력 7월 15일에 여러 스님들께 공양을 올려서 그 스님들의 힘으로 구제하였다. 또한 음력 7월 15일은 스님들이 조용한 곳에 모여 수행을 하는 안거(安居)기간이 끝나는 날이며, 우리 고유한 풍습인 백중날이기도 하다.
 백중일은 전통적인 백의민족의 축제일로 모든 농민이 일손을 놓고 한바탕 잔치를 벌이는 날이었다. 불교의례로서 백중은 백 가지 과실과 음식을 차려 놓고 대중스님들께 공양을 올린다고 하여 백종(百種)이라고도 하는 것이다. 이 공양으로 살아계신 부모와 돌아가신 7대 조상 친족이 고통에서 벗어나게 된다고 한다.

  우란분(于蘭盆)은 거꾸로 매달려 있는 것을 풀어준다는 의미가 있다. 「우란분경」에서는 우란을 지극한 고통으로, 분을 그릇으로 해석하여 우란분을 고통을 구제하는 그릇으로 보기도 한다. 또한 「우란분경」에서는 부모의 공덕과 삼보의 공덕을 함께 중요시하고 있다.

  오늘날 우란분절은 중생이 지은 악업의 무거움은 중생의 힘으로는 구제하기 어려움을 보여주고 삼보에 대한 지극한 믿음으로 효도를 실천하는 것을 일깨워주고 있다.

입춘과 동지

 불교가 단순히 외국에서 들어온 종교로 머물지 않고 민족종교로 자리잡을 수 있었던 가장 큰 이유는 우리 고유의 풍습을 받아들인 것이라 할 수 있다. 입춘이나 동지같은 세시풍속은 농경문화의 산물이며 일반서민들의 축제이기도 하다.
 입춘은 양력 2월 4일이나 5일에 돌아오는 절기이다. 이날은 홍수, 태풍, 화재의 세 가지 재난인 삼재(三災)를 벗어나게 하는 삼재풀이를 하고 일년 내내 풍요로움이 가득하기를 기원한다.
 동지(冬至)는 양력 12월 22일이나 23일로 팥죽을 쑤어 귀신을 쫓고 액점을 한다. 우리의 민간신앙에서는 귀신이 붉은 팥을 가장 무서워한다고 하기 때문에 팥죽을 쑤는 것이다.
 절기는 농사를 짓는 데 풍년을 기원하며 화를 멀리하고 복을 비는 우리 고유의 풍습이다. 이것을 단순한 미신으로 오해하여 그 의미를 왜곡하는 경우가 있다. 불교의 깨달음의 목적이 개인의 열반에 있는 것이 아니라 중생구제를 위한 것이라면 세시풍속의 의미를 바르게 이해하여 중생을 고통에서 해방시켜주는 중생들의 축제로 이해하여야 한다.

이러한 의미에서 불교전통의식은 아니지만 절기에 따른 입춘, 동지와 같은 행사는 교리와 교리의 실천 수행적인 면과는 다르더라도 중생구제라는 의미를 담고 있는 불교의식의 차원에서 담아내야 할 내용인 것이다. 불교의 행사를 고유한 불교행사만으로 좁혀서는 안되며 전통적 세시풍속도 고통스러운 현실에서 벗어나려는 중생의 소망으로 이해하는 자세가 올바른 불자의 자세라 할 것이다.

특히 불교의 참뜻과 멀게 보이는 민간신앙과의 결합은 부처님의 본질적 가르침으로 돌아와 이 땅을 정토로 가꾸는 민족종교로서의 불교를 가능하게 했던 원동력으로 이해할 수 있다.

방생법회

　불교의 계율은 청정한 삶을 유지하여 마침내 깨달음에 이르게 하는 방편이다. 그 가운데 살생을 금지한 불살생계는 가장 중시되는 계율이며, 방생(放生)은 불살생계를 좀 더 적극적으로 지켜나가는 길이다. 즉 살생을 피하는 데 그치지 않고 죽게 된 생명을 구해냄으로써 보다 넓은 의미의 불살생계를 지키는 것이라 할 수 있다. 그러므로 불살생계와 마찬가지로 방생은 불자가 임의대로 선택할 수 있는 것이 아니라 마땅히 지켜야 하고 행해야 하는 의무이다.

　이에 대해 경전에서는 "항상 방생을 행하고, 다른 사람에게도 방생을 할 수 있도록 해야 한다. 만일 사람들이 짐승을 죽이는 것을 보았을 때는 마땅히 방편을 써서 죽게 된 짐승을 살려주어야 한다"고 설하고 있다.

　원래 우리나라에서는 음력 3월 3일과 8월 보름에 방생을 해왔었는데, 오늘날에는 수시로 행해지고 있다. 요즘은 방생법회라고 하여 많은 사람들이 물고기를 사다가 풀어주어 자신과 자기 가정의 복을 기원하는 형식적인 것이 되어버린 듯하다. 그러나 불자들은 본래 방생의 의미를 되새겨 자기만을 이롭게 하는 행위가 아니라 중생구제라는 수행의 방편으로 삼아야 한다.

공덕을 바라는 행위가 아니라 공덕을 생각하기 이전에 이미 다른 생명을 구하려는 의식이 있어야 한다. 따라서 가장 이상적인 방생은 한갓 미물을 방생하는 것도 중요하지만 부처님의 가르침을 받아 행하며 이를 널리 펴는 것이라 할 수 있다.

고통받는 중생에게서 고통의 여건들을 제거하여 복된 삶을 누릴 수 있도록 돕는 것이야말로 진정한 의미의 방생이다. 이웃의 소외되고 억압받는 중생을 거기에서 벗어나게 하는 인간방생이야말로 부처님의 가르침을 올바로 지켜나가고자 하는 불자가 수행해야 할 참 진리의 길인 것이다.

천도재

일반적으로 모든 종교들에서 행하는 갖가지 의례들은 인생의 현실 속에서 필연적으로 겪게 되는 여러 과정들과 연관되어 생겨난 것인 경우가 대부분으로서 역사적으로 불교에서 발전해온 수많은 의례들도 크게는 그와 같은 원인에 의해 발생된 것들이 적지 않다. 특히 죽음과 관련한 불교의례를 천도재(薦度齋)라고 한다.

천도재란 죽은 사람을 위하여 불교에서 올리는 재례 의식들의 총칭으로서 수륙재나 49재, 영산재 등이 모두 천도재에 속하는 것들인데, 죽은 사람이 생전에 지었던 모든 악업이나 원한관계 등을 해소하고 청정한 마음을 회복하여 좋은 곳에 태어나도록 돕는다는 의미를 지니고 있다.

윤회와 업의 가르침에 의해 태어남과 죽음을 설명하는 불교의 입장에서는 사람이 죽으면 다시 다음 생을 받기 전까지 일정기간을 중유(中有)의 상태에 머문다고 하는데 이때는 육신을 지니고 있지 않기 때문에 살아있을 때보다도 훨씬 총명해서 진리를 일깨워주면 평상시보다 쉽게 이해할 수 있다고 한다. 그러므로 천도재의 주된 내용은 영가에게 「무상계」 등을 설하여 죽음이라는 현실은 만물이 변화하는 가운데 도래하는 자연적인 현상으로서 크게 안타까워할 일이 아님을 일깨우고 부처님의 바른 가르침에 따라 깨달음을 구하는 마음을 내서 아미타부처님의 극락세계에 왕생할 것을 권하는 설법으로 이루어지고 있다.

그런데 이와 같은 천도재는 중생구제를 위한 불교의 교화활동을 살아있는 사람들만이 아니라 죽은 사람들에게까지 확대하여 베푼다는 의미도 있지만, 보다 현실적으로는 가족이나 사랑하는 사람을 잃고 슬퍼하는 사람들에게 그 슬픔에서 하루속히 벗어나도록 도와주는 방편의 의미도 크다고 하겠다.

재례 가운데 일반인들에게 가장 잘 알려져 있는 것으로 49재를 들 수 있다. 49재란 사람이 죽은 지 49일째 되는 날에 지내는 재로서, 하필 49일째 되는 날 거행하는 데는 다음과 같은 유래가 있다.

석가모니부처님의 가르침에 따라 윤회를 인정하고 있는 불교에서는 예로부터 사람이 죽은 후 다음 생을 받기 전까지의 과정이 상당한 관심의 대상이었고 그에 따라 여러 가지 학설들이 나타나게 되었는데, 그 대표적인 견해가 사람이 죽으면 인연에 의해 다음 생을 받기까지 중유의 상태에 머물며 그 기간이 길어야 49일을 넘지 않는다는 것이었다. 따라서 죽은 사람의 영가에게 부처님의 바른 가르침을 일깨워 깨달음을 구하는 마음을 내도록 하고 명복을 비는 일도 그 전에 행해야 하지만, 영가가 다른 모습으로 태어나는 날이 언제인지를 정확히 알 수 없으므로 죽은 이에 대한 추모의례를 최종적으로 49일째 되는 날 행하는 것이다. 그런 다음에는 죽은 사람이 이미 다른 세상에 살고 있으므로 그 사람에 대한 미련을 남기지 않는다는 것도 49재가 지닌 또 다른 의미라고 하겠다.

우리나라의 사찰에서는 49재를 지내기 전에 7·7재라고 해서 7일에 한번씩 재를 지내는 경우도 있고 보름에 한번씩 재를 지내는 경우도 있다. 이것은 물론 49일 안에 재를 지내야 한다는 생각에서 비롯된 것이다. 또한 100일재와 1주년, 2주년에 행하는 소상재와 대상재가 있는데, 이것은 효를 중시하던 유교적 관습이 불교에도 영향을 미쳐 생겨난 것이다.

또 하나의 대표적인 재인 수륙재(水陸齋)는 물이나 육지에서 방황하는 원혼과 아귀에게 음식을 공양하여 그들을 천도하는 의식이다.

중국의 양나라 무제가 꿈에 수륙재를 베풀어 원혼을 제도하는 것이 공덕의 으뜸이라는 고승의 말을 듣고 지공(誌公)이라는 신하에게 「수륙의문(水陸儀文)」을 짓게 하여 재를 지낸 것에서 유래한다고 한다. 우리나라에서는 고려 광종 때 수원의 갈양사에서 혜거국사가 최초로 지냈다고 전해진다.

수륙재를 비롯한 모든 재가 죽은 사람을 위한 것인데 비해 예수재(預修齋)는 산 사람을 위한 것이다. 살아있는 동안 미리 재를 지내어 죽은 후의 극락왕생을 기원하는 것이다. 재의 내용도 살아있는 동안 지은 죄와 빚을 갚은 의식을 행한다.

대표적으로 경전을 읽어야 하는 빚과, 돈으로 진 빚을 갚는 의식을 행한다. 경전을 읽어야 할 빚은 예수재를 지내며 갚고, 돈으로 진 빚은 종이로 만든 돈을 명부전의 왕들께 올리는 것으로 갚는다. 재를 올린 후 빚을 갚았다는 증표를 받아 한 조각은 불사르고 한 조각은 죽을 때 지니고 가서 명부의 왕들께 보여 극락으로 왕생한다고 한다.

예수재는 살아있는 동안 진 빚, 즉 업을 죽기 전에 갚아 청정한 몸과 마음으로 죽음을 대비하는 넓은 의미의 수행의식이라 할 수 있다.

염주

　염주는 염불할 때나 진언을 외울 때, 또는 절을 할 때에 그 수를 헤아리기 위해서 사용한다. 오늘날 염주는 번뇌를 끊는 도구, 즉 수행하는 데 도움을 주는 도구로 광범위하게 사용되고 있다. 염주 하나를 굴릴 때마다 번뇌가 끊어짐을 상징하므로 일념으로 염주를 돌림에 따라 부처님 광명이 자신에게 충만해지고 죄업이 소멸된다는 의미를 갖는다.

　염주를 사용하는 방법은 일반적으로 오른손에 들고 엄지손가락을 이용하여 불·법·승 삼보의 명호를 부르면서 하나씩 앞으로 넘긴다. 불보살께 예배할 때는 팔에 감거나 목에 걸기도 한다. 요즈음은 합장주라고 하여 손목에 차고 다니는 짧은 염주도 있다.

　염주는 108개가 가장 일반적인데, 이는 108번뇌를 끊는다는 의미이며 최승주(最勝珠)라고 한다. 염불이나 천배 등에 쓰이는 1,080주는 상품주(上品珠)라 하며, 염주 알 수가 그 절반인 540개일 때도 있다. 또한 108개의 절반인 54개로도 하는데, 이는 보살 수행의 계위인 4선근, 10신, 10주, 10행, 10회향, 10지를 나타낸다고 한다. 또 그 절반인 27개로 하는 염주는 27현성을 표시한다는 말도 있다. 아무튼 이와 같은 염주는 그 만드는 재료에 따라 보리자염주, 금강주, 목환자염주, 율무염주, 시우쇠염주, 수정염주, 산호염주, 진주염주 등으로 부르고 있는데, 근래에는 화학제품으로 만든 것이 보편적으로 많이 보급되어 있다.

일반적으로 염주에는 모주(母珠)라는 큰 구슬이 있어 부처님이나 보살을 표시하여 모시게 된다. 그러므로 백팔염주를 가지고 염불을 하게 되면 우리 중생들의 과거, 현재, 미래의 고통과 슬픔인 백팔번뇌를 모두 소멸하고 안락을 얻게 되는 공덕이 있는 것이다.

발우공양

여러 대중들과 함께 모여 정진하는 스님들은 공양시에 발우공양을 하는데, 이를 대중공양이라고도 한다.

발우(鉢盂)란 스님들의 밥그릇인데, 발(鉢)은 범어로서 응량기(應量器)라 번역하고, 우(盂)는 한자로 밥그릇이라는 뜻이다. 따라서 범어와 중국말을 아울러 일컫는 것이 발우인데, 우리말로는 흔히 바리때라고도 한다. 발우에 밥이 담겨 있을 때에는 많은 복이 가득 차 있다는 뜻이 되고 비어 있을 때에는 온갖 괴로움과 헛된 생각을 비운다는 뜻으로 해석되기도 한다.

발우공양의 순서는 발우를 펴고 깔판을 편 다음 포개진 발우를 왼쪽 아래에 놓고 하나씩 들어내어 왼쪽 위에서부터 시계방향으로 꺼내놓는다. 수저는 오른쪽 위 발우에 가지런히 놓고 먼저 청수물을 받아서 왼쪽 아래 발우에 받아 오른쪽 아래 발우, 왼쪽 위 발우 순으로 씻어 오른쪽 위 발우에 옮겨놓는다.

다음엔 밥을 왼쪽 아래 발우에 받고, 국은 오른쪽 아래 발우에 받으며, 마지막으로 반찬은 왼쪽 위 발우에 받아 담는다. 찬을 덜 때에는 자신이 좋아하는 것 한 가지만 많이 덜면 안된다.

　발우를 들고 자세를 바로 해서 천천히 공양을 하고 공양이 끝나면 숭늉을 나누어가면서 김치 등을 사용하여 그릇을 모두 깨끗이 씻고 그 물은 모두 마신다. 다시 청수물로 그릇을 깨끗이 씻는데, 이때 청수물은 처음 받을 때와 같이 깨끗해야 한다. 청수물을 거두어 제일 웃어른에게 검사 받은 후 발우를 펼 때와 반대 순서로 포갠 후 다시 싸서 옮겨놓는다. 또한 발우공양은 똑같이 나누어 먹는 평등공양이며, 위생적인 청결공양, 낭비가 없는 절약공양, 단결과 화합을 고양시키는 공동공양의 의미를 갖는다.

　발우공양은 처음부터 끝까지 그 절차마다 「소심경」의 게송을 외워가며 진행한다. 「소심경」에는 부처님을 회상하면서 그 공덕을 찬탄, 공경, 예배하는 마음과 모든 중생의 노고와 은혜를 고맙게 여기는 감사하는 마음, 자신의 하루 수행생활을 돌아보는 반성하는 마음, 그리고 모든 배고픈 중생들과 함께 평등하게 나누어 먹겠다는 자비의 마음이 들어 있다.

　「소심경」의 순서는 다음과 같다.

　먼저 발우를 가지고 자리에 앉고나서 불은상기게(佛恩想起偈) 또는 회발게(回鉢偈)라는 게송을 외운다.

　"부처님은 가비라에 탄생하시고, 마갈타나라에서 성불하시어, 바라나 녹원에서 설법하시고, 구시라 쌍림에서 열반드셨 네."

곧 공양을 들기 전에 부처님을 상기한다는 것이다. 불은상기게를 한 후 발우 펴는 게송인 전발게(展鉢偈)를 하고, 발우를 편 후 십념(十念)을 외운다. 음식을 다 받은 후에 양손으로 발우를 눈썹 위까지 올린 후 봉발게(奉鉢偈)를 하고 발우를 내려놓고 다음과 같은 오관게(五觀偈)를 외운다.

"온갖 정성 두루 쌓인 이 공양을 부족한 덕행으로 감히 받는구나. 탐심을 여의어서 허물을 막고 육신을 지탱하는 약을 삼으며 도업을 이루고자 이제 먹노라."

헌식을 하며 출생게(出生偈)를 외우고, 공양을 마치고 발우를 깨끗이 씻은 후 청수물을 앞에 놓고 절수게(折水偈)를 외운다. 끝으로 발우를 닦아 발우보로 묶은 다음 식필게(食畢偈)를 외워 공양을 마친다.

"공양 들어 몸의 힘이 가득히 차니 그 위엄 시방삼세 영웅이로다. 인과가 생각 중에 있지 않으니 중생 모두 신통을 얻어지이다."

3장

수행과 포교

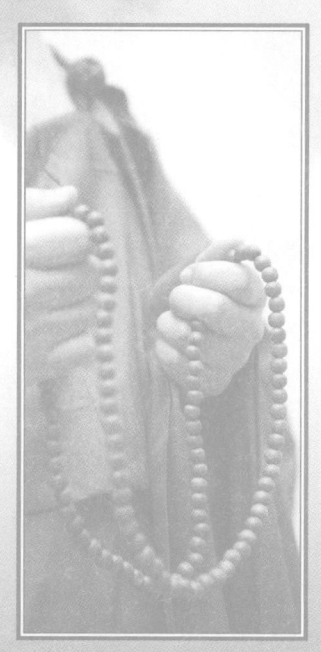

제 3 장

수행과 포교

수행의 시작 : 불자 입문

　인간의 이성과 의지에 기초한 합리적인 실천을 통하여 올바른 삶 참으로 가치있는 삶을 추구하는 종교인 불교는 입문을 하는데도 별반 절차가 요구되지는 않는다. 다만 그동안 아무런 반성 없이 무비판적으로 살아가고 있던 우리들의 인생이 얼마나 무의미했던가를 스스로 깨닫고 이제부터는 올바른 가르침에 의지하여 참된 삶을 살아가겠다고 하는 각오만 있으면 된다.

　그러므로 석가모니부처님 당시에는 출신성분이나 가문, 학벌, 지위고하 따위에 상관없이 부처님께 귀의하고 가르침에 귀의하며 교단에 귀의한다는 삼귀의(三歸依)의 서원을 하고 평생동안 지켜야 할 생활의 규범인 계율(戒律)을 받으면 그것으로 입문이 가능했으며, 일단 그렇게 해서 입문한 사람들 사이에는 같은 길을 가는 구도자로서의 완전한 평등이 보장되었다.

　그런데 오늘날의 사회는 예전과는 달리 산업화가 폭넓게 진행되어 있는 대중사회로서 사찰에서도 수많은 신자들의 신행생활을 보다 효율적, 체계적, 계획적으로 지도하기 위하여 나름대로의 신도관리 체계를 갖추게 되었다. 각 사찰에 따라 약간씩의 차이는 있지만, 대부분의 사찰에는 입문자를 위한 일정기간의 교육과정들이 개설되어 있고 그런 과정이 끝나면 계를 받을 수 있는 수계의 기회들도 주어진다. 따라서 사찰의 신자가 되기를 원하는 사람은 자신이 다니기 편한 적당한 사찰을 선택해 신자등록을 하고 사찰의 스님들과 상의하면 입문과정의 자세한 안내를 받을 수 있다.

특히 요즘에는 사찰이 아니라도 불교교리를 배울 수 있는 교양대학이라든가 그밖의 여러 가지 교육프로그램들도 많고 입문자를 위한 서적들도 많으므로 스스로의 노력 여하에 따라서는 불교신행에 별다른 어려움이 없을 것이다.

이런 과정을 거쳐 불자가 되면 불자로서의 마음가짐과 생활태도를 지니고 자신의 삶에 임해야 할 것이다. 불교는 그 자체가 모두 불자들의 올바른 삶의 방향과 태도를 일깨우는 것이므로 어느 하나도 빼놓을 수 없는 귀중한 가르침들이지만, 오늘날 우리들의 생활여건이나 사회적 조건 등을 감안할 때 다음의 몇 가지는 특히 불자들이 명심해야 할 사항들이라고 생각된다.

우선 첫 번째로 삼보에 대한 예경심과 더불어 삼보를 수호하는 데 앞장서는 마음가짐을 지녀야 할 것이다. 부처님과 부처님의 가르침 및 불교교단은 우리 불자들 모두의 귀의처이자 마음의 보루이다. 그러므로 스스로 불자임을 자랑스럽게 여기며 삼보수호에 매진할 수 있어야 하겠다.

둘째, 불자들은 정기적으로 법회에 참석하며 부처님의 가르침이 담긴 불서 들을 읽는 생활을 일상화해야 하겠다. 불교는 맹목적인 믿음보다도 스스로의 깨달음을 중요시하는 종교이므로 항상 부처님의 가르침을 배우고 익히는 노력을 게을리하지 말아야 하겠다.

셋째, 정기적으로 수입 중 일정액을 사찰이나 자선기관에 보시하는 생활을 체질화해야 하겠다. 특히 사찰은 신자들의 희사금에 의해 운영되며 부처님의 가르침을 많은 이들에게 전해주는 곳이다. 그러므로 사찰의 활발한 활동을 위하여 재정적으로 후원하는 것은 우리 불자들의 당연한 의무이다.

넷째, 스스로 배워 익히고 깨달아 아는 불교의 가르침을 이웃에게도 베푸는 생활을 습관화해야 하겠다. 부처님의 가르침은 우리들이 이웃에 전하는 노력에 의해 생명력을 지니며, 그로 말미암아 불교의 궁극적인 목적인 정토세계의 구현이 가능해질 것이기 때문이다.

수행자로서의 불자의 마음가짐 :
사무량심과 육바라밀

불교인 또는 불제자를 가리키는 불자(佛子)라는 말은 글자 그대로 풀이하면 부처님의 자식이라는 뜻이다. 부처님의 가르침으로 새롭게 태어난 이를 의미하는 동시에 언젠가는 부처님의 대를 이어 스스로 부처님이 될 사람이라는 의미도 포함하고 있다. 다시 말해 모든 중생은 자신의 불성으로 말미암아 부처님이 되리라는 불교의 기본입장을 담고 있는 말이 불자이다. 그러므로 우리 불자들은 스스로가 보살(菩薩)이라는 사실을 깊이 명심해야 하겠다.

보살이란 인도의 옛말 보디삿트바를 소리나는 대로 옮긴 말 보리살타(菩提薩埵)를 줄인 것으로 보디란 깨달음을 뜻하고 삿트바란 중생이라는 의미인데, 본래는 부처님의 전생이야기를 전하는 「본생담」에서 석가모니부처님의 전신을 일컫던 말이었다.

석가모니부처님은 고타마 싯닷타라는 한 인간으로 태어나 진리를 깨닫고 부처님이 되기 이전에 수 없이 많은 생애를 여러 가지 모습으로 바꿔 태어나면서 무수한 선행을 쌓은 결과 마침내 부처님이 될 수 있었다는 것이 본생담의 주제이지만, 거기에서 주인공이 되는 부처님의 전생의 모습을 지칭하던 말이 보살이었던 것이다. 말하자면 장차 깨달음 을 이룰 중생이란 의미였다.

　이와 같은 보살이란 말의 의미를 잘 되새겨보면 실은 우리 자신이 바로 보살이며, 바꿔 말하자면 우리들은 모두 보살이어야 한다는 결론에 도달하게 된다. 석가모니부처님이 일찍이 왕이나 왕자, 수행자, 상인 등으로서 선행에 힘쓴 결과 부처님이 되신 것과 마찬가지로 우리도 스스로의 처지에서 열심히 노력한다면 장차 부처님이 될 것이기 때문이다. 그러므로 대승불교에서는 특히 누구나 스스로가 보살임을 자각하고 보살행을 닦을 것을 가르치고 있다.

　"이것이 있으므로 저것이 있고 이것이 생기므로 저것이 생긴다"는 경전의 말씀은 세상만물이 서로가 서로를 의지해서 함께 존속해가고 있는 연기의 이치를 설한 것으로서, 이 세상은 어느 누구도 혼자 존립할 수 없는 곳이라는 사실을 일깨운 가르침이었다. 그러므로 불교에서는 이웃과의 관계를 대단히 중시하여 수행도 궁극적으로는 스스로의 이익을 도모함과 아울러 이웃에도 그 이로움을 베푸는 것, 즉 자리이타(自利利他)에 의해 완성된다고 가르치고 있다.

　이웃에게는 특히 자(慈)·비(悲)·희(喜)·사(捨)의 사무량심(四無量心)으로 대해야 함을 강조하고 있다.

사무량심이란 불자들이 이웃에 대해 지녀야 할 네 가지 한량없는 마음가짐을 뜻하는 것으로서, 첫 번째의 자무량심이란 자애로운 마음을 말한다. 모든 이들에게 끝없이 어질고 따뜻한 마음으로 대해야 함을 일깨우는 것이다.

두 번째의 비무량심은 슬퍼하는 마음을 가리킨다. 이웃의 어려움을 나의 어려움처럼 여기는 것으로, 진리에 미혹하여 고통받는 중생들을 애처롭게 생각할 수 있는 마음이다.

희무량심이란 기뻐하는 마음을 말한다. 이웃의 기쁜 일을 사심 없이 함께 기뻐해주는 마음이다.

마지막으로 사무량심이란 평등한 마음이다. 어디에도 얽매이는 바 없고 집착하는 바 없는 공정한 마음가짐을 뜻한다.

흔히 불교는 자비(慈悲)의 가르침으로서 부처님이 설하신 바도 자비 이외에 다른 것이 아니라는 이야기를 자주 하지만, 그 자비란 바로 이상과 같은 사무량심 가운데 첫 번째와 두 번째인 자무량심과 비무량심을 합한 말이다. 다시 말해 이웃을 내 몸처럼 여기며 부드럽고 따뜻한 마음으로 대하는 것이 자비의 참뜻이다.

이러한 자비 실천의 덕목으로 육바라밀(六波羅蜜)을 이야기한다. 여섯 가지 완전한 수행을 뜻하는 것으로서, 그 여섯 가지란 보시(布施)·지계(持戒)·인욕(忍辱)·정진(精進)·선정(禪定)·반야(般若)이다.

여기에서 첫 번째의 보시바라밀이란 남을 위해 아낌없이

베푸는 것을 말한다. 불교에서는 예로부터 재시(財施)·법시(法施)·무외시(無畏施)라 하여 세 가지 보시를 권장하고 있는데, 재물이나 가르침을 베푸는 것과 아울러 남을 두려움에서 구해주는 덕행을 강조한다.

두 번째의 지계바라밀은 계율을 준수하는 것으로, 특히 계율을 기계적으로 받아들이기보다는 주변과의 관계 속에서 효율적으로 지혜롭게 운용하는 자세를 말한다.

세 번째의 인욕바라밀은 욕된 것을 참고 견디는 자세를 말한다. 올바른 길을 가기 위해서는 때로는 아무리 참기 힘든 것도 인내하고 수용하지 않으면 안 되는 경우가 있기 때문이다.

네 번째의 정진바라밀은 끊임없는 노력을 뜻한다. 스스로 옳은 길을 가고 있다는 굳은 신념을 지니고 쉼없이 한 길을 가는 용감한 자세를 일컫는 말이다.

다섯 번째의 선정바라밀은 정신집중의 수련을 말한다. 정신을 한 곳에 모으는 수행을 통해 어지럽고 산란한 마음을 안정시킴으로써 언제나 동요됨이 없는 삶의 자세를 유지하는 것이다.

마지막으로 여섯 번째의 반야바라밀은 지혜가 완성된 생활을 뜻한다. 사물의 참다운 이치, 즉 연기의 이법을 올바로 터득해 아무 데도 걸림이 없고 집착이 없는 슬기로운 생활의 자세를 이야기하는 것이다.

이런 마음과 생활태도로 구현하는 불교의 이상세계가 바로 정토이다. 정토는 위로는 우주와 인생의 궁극적인 의미를 깨달아 스스로 완성된 삶을 성취하고 아래로는 이웃들을 부처님의 가르침으로 교화하여 정신적으로나 도덕적으로 각성된 사회를 이룩해나가겠다는 불교의 궁극적인 목표가 실현된 이상사회를 말한다.

정토란 청정한 국토라는 뜻으로, 본래는 부처님이나 부처님이 되기 위해 수행하고 있는 보살들이 주하는 세계를 가리키는 말이었다. 다시 말해 중생들의 온갖 탐욕과 분노, 어리석음이 들끓고 있는 이 세상이 예토(穢土)인 데 반해 정토란 불보살님이 중생들을 제도하고 계시며 번뇌의 대상이 될 만한 부정한 것은 아무 것도 없는 청정무구하고 안락한 곳으로서, 아미타부처님의 용화세계 등이 그것이다.

그러므로 역사적으로는 스스로 지혜를 닦아 불도(佛道)를 완성하기보다는 좀 더 쉬운 방법으로 그와 같은 세계에 태어나 부처님의 지도 아래 수행을 완성할 수 있기를 염원하는 신앙이 민간에 널리 유행했으며, 아미타부처님을 중심으로 한 극락왕생신앙은 아직도 많은 신자들에게 인기를 끌고 있는 것이 사실이다.

그러나 정토의 보다 본질적인 의미를 헤아려본다면 그 참뜻은 아무래도 우리들 모두의 노력으로 이 땅을 정토세계로 만들어 나가는 데 있다고 하지 않을 수 없다. 즉 영원불변의 진리만이 모든 것의 가치기준이 되어 서로가 서로를 평등하게 인정하고 불살생의 계율을 바탕으로 평화롭게 공존하며 모든 이들이 탐욕과 분노와 무지로부터 해방되어 참된 자유를 누리는 사회를 만들어가는 것이다.

그리고 그 길은 「유마경」에도 나오듯이 마음을 청정히 함으로써 국토를 청정하게 하는 것이다.

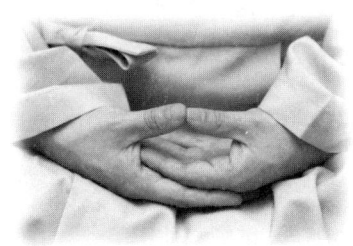

수행의 원리와 근거

인간의 수많은 번뇌 가운데 마음으로 짓는 악업인 탐진치의 삼독을 가장 근원적인 것으로 보고 그것들을 소멸시켜 고요하고 평안하며 아무런 걸림이 없는 열반의 경지에 이르기 위한 방법이 불교의 수행이다.

그와 같은 수행법들은 계(戒)·정(定)·혜(慧)의 삼학(三學), 즉 계율과 선정과 지혜의 세 가지 수련을 그 기본원리로 하고 있다. 다시 말해 불교의 여러 수행법들은 모두가 계율과 선정과 지혜의 세 가지 수련 안에 포함 되는 것으로서, 여기에서 계율이란 일상생활 속에 지켜야 하는 자발적인 도덕규범들로 재가신자들이 받아 지니는 오계(五戒)를 비롯한 십선계(十善戒), 팔재계(八齋戒) 등을 이야기한다. 말하자면 이상의 계율들을 통해 절도 있는 생활을 습관화시켜나감으로써 마음속에 들끓고 있는 헛된 욕망을 제어하여 건강과 마음의 평안을 얻는 것이다.

다음에 선정이란 좌선(坐禪)과 같은 정신집중의 수행을 의미하는 것이다. 본래 선정은 인도의 전통적인 수행방법인 요가의 일종으로 삼매(三昧)라고도 하는데, 호흡과 자세를 가다듬고 의식을 한 곳으로 통일시키는 수련법이다. 이 같은 수행은 특히 산란한 마음이나 동요된 마음, 분노 따위를 제어하여 마음속에 지혜를 일으킬 터전을 마련한다. 중국의 선종(禪宗)에서는 이와 같은 선정수행을 특히 중요시하여 거기에 깊은 사상성을 부여하기도 했다.

마지막으로 지혜는 사물의 이치에 대한 올바른 인식을 기르는 수행으로, 우리 몸이나 감각 등에 대해 덧없고 괴로우며 실체가 없다는 사실을 여실히 관찰하고 연기의 이치를 깊이 탐구하는 것이다. 우리들은 이 같은 지혜의 수행을 통해 진리를 통찰하게 되면 마음속에 아무런 두려움이나 걸림이 없는 열반을 성취하게 되는 것이다.

「열반경」에서는 모든 중생들에게 제각기 불성(佛性)이라는 것이 있다는 뜻에서 일체중생실유불성(一切衆生悉有佛性)이라고 하고 있는데, 바로 그 불성 때문에 수행을 하면 누구나 이상적인 경지, 즉 열반에 이를 수 있다는 것이 불교의 입장이다.

불성이란 흔히 부처님의 성품이란 말로 표현되는 것에서도 알 수 있듯이 부처님의 부처님다운 점을 말한다. 또 불성은 여래장(如來藏)과 같은 뜻을 지닌 말로서, 부처님이 될 씨앗을 의미하기도 한다. 그러므로 이 세상 모든 이들에게 불성이 있다는 말은 누구나 스스로의 내면에 부처님다운 면모를 지니고 있으며 언젠가는 부처님이 될 것이란 뜻이다. 다만 우리 중생들은 뿌리깊은 번뇌 때문에 그와 같은 자기 자신의 본래 면모를 깨닫지 못하고 있으므로 중생이고, 부처님은 그것을 깨달았기 때문에 부처님이라는 것이다. 따라서 수행이라는 것도 결국은 번뇌를 제거하여 자기 안에 내재되어 있는 부처님의 면모를 찾아내는 것 이외에 다른 것이 아니라는 것이 불교의 가르침이다.

불성은 눈으로 볼 수 있는 것도 아니고 그것이 기능하고 있는 신체적인 기관이 있는 것도 아니다. 단지 세상만물의 이치, 다시 말해 연기의 법칙을 잘 관찰함으로써만 알 수 있는 것이다. 즉 만물은 독자적인 실체랄 것이 없이 끊임없이 변화하는 것으로서 그 안에 내재되어 있는 영원불변의 진리만이 모든 사물의 진정한 본성이라는 것이 연기의 가르침이다.

중생이 부처님이 될 수 있는 것도 중생의 내부에 깃들어 있는 진리 때문이며 그와 같은 영원불변의 진리가 바로 불성인 것이다.

재가자의 수행과 계율

집에서 행하는 재가신자의 수행은 크게 두 가지 종류로 나누어 볼 수 있다. 즉 일정한 형식을 갖춘 수행과 일상생활에서 하게 되는 수행이 있으며, 일정한 형식을 갖춘 수행이란 염불, 독경, 절, 참회와 기도 등을 들 수 있다. 형식없이 일상생활에서 하게 되는 수행은 자비, 보시, 인욕 등이 있다.

먼저 일정한 형식을 갖춘 수행은 특별히 일과시간을 정하여 하게 된다. 즉 삼귀의, 예경, 염불, 독경, 발원, 좌선 등을 시간과 장소를 정하여 규칙적으로 수행한다. 매일의 수행일과가 이런 성격의 것이므로 그 시간은 하루의 시작인 아침이나 마무리 시간인 자기 전 시각이 좋을 것이다. 아침의 기도는 그날 하루의 생활에 보람을 더하고 자기 전 기도는 잠든 시간에라도 평온한 상태를 유지하게 된다. 그래서 깨어 있을 때나 잠들어 있을 때나 한결같은 수행을 기대하는 것이다. 생활사정상 조석시간이 어렵다면 그밖의 시간도 무방하다. 다만 강조하고 싶은 것은 되도록 일정한 시간을 정해놓고 지켜가는 것이 좋다는 것이다.

두 번째로 일상생활에서 하게 되는 수행은 모든 시간에 하는 것이다. 자기 생명을 참되게 살아가는 것이 수행이라고 한다면 수행은 살아있는 시간이 잔부 수행시간이라 할 수 있다. 그래서 평소의 모든 일, 그리고 모든 사람에 대하여 언제나 바라밀행을 실천하는 것이다.

수행자가 지녀야할 다짐은 다음과 같다.

현재 행하고 있는 일이 가장 중요한 일이며, 현재 만나고 있는 사람이 가장 중요한 사람이며, 현재의 행동을 올바르게 하는 것이 최대의 수행이라고 알고 그대로 행하는 것이다. 수행을 생활하는 모든 시간에 항상 밝은 마음과 바른 말과 바른 행을 닦아 감에 따라 매일매일의 생활을 복된 생활로 바꾸게 된다.

이러한 수행 생활의 밑바탕은 계율이다. 계율을 지키는 것은 부처님의 행, 즉 깨달음의 행을 닦아가는 것이다. 부처님 행을 행하며 부처님 공덕을 마음에서 이루면 이것이 깨달음으로 가는 올바른 수행이라 할 것이다.

재가신자의 계율로 대표적인 것은 오계와 칠불통계(七佛通戒), 삼귀의계(三歸依戒), 보살계(菩薩戒) 등이 있다.

오계는 첫째 생명을 존중하고 억압하거나 죽이지 말라는 것이고, 둘째 아낌없이 베풀어주고 결코 남의 물건을 빼앗지 말라는 것이며, 셋째는 청정행을 할 것이요 결코 사음을 하지 말며, 넷째는 진실한 말을 하고 결코 망령된 말을 하지 말며, 다섯째는 바른 마음을 지키고 술에 취해 마음을 어지럽

히지 말라는 것이 그 내용이다. 그러므로 오계를 적극적으로 행하는 것은 우리의 본분을 순수하게 지켜 본분공덕을 실현하는 길인 것이다. 즉 오계는 선업을 낳을 수 있는 선행을 기본으로 한다.

칠불통계는 과거 비바시부처님으로부터 석가모니부처님에 이르기까지의 일곱 부처님이 모두 전승하여온 함축된 계이다. 즉 "모든 나쁜 짓 하지 말고 온갖 착한 일을 받들어 행하여 스스로 그 마음을 깨끗이 하는 것이 모든 부처님의 가르침이다"라고 하는 것이다.

삼귀의계는 불교에 들어와 귀의하겠다는 자세를 보이는 것이다. 즉 "부처님께 귀의합니다. 가르침에 귀의합니다. 승가에 귀의합니다"라고 하여 부처님께 귀의하며 부처님께서 깨달으신 진리에 따르며 바른 법을 배우는 승가에 귀의한다는 것으로 모든 계의 기본이며 수행의 시작이다.

보살계는 신자가 받는 가장 높은 계이다. 보살계를 받을 수 있는 사람은 이미 삼귀의, 오계를 받아 지니고 수행하는 신자로서 세속에 살면서도 출가수행승 못지않게 수행하는 사람이다. 그러므로 보살계 받은 사람을 거사나 보살이라 부르는 것이다.

참회와 절

세상을 살면서 사람이 죄업을 짓지 않기는 어렵다. 그러나 그 잘못을 스스로 반성하고 다시는 그런 잘못을 범하지 않겠다고 다짐해야 한다. 문제는 잘못을 범하는 데 있는 것이 아니라 그 잘못을 반성하지 않고 도리어 합리화하려는 자세에 있다. 이것은 진실된 삶을 향한 전진이 아니라 현실에 안주하는 자세이다.

다른 사람과 더불어 살면서 계를 범할 기회가 많기 때문에 청정한 계행도 중요하지만 파계를 했다 해도 바로 파계의 원인을 반성하고 다시 계를 지키겠다는 올바른 자세가 참회인 것이다. 그리하여 하루 하루 그 날의 잘못을 생각하고 이를 뉘우치며 앞으로 닥쳐오는 모든 일들에 부처님의 행을 따라 청정한 생활을 이룩하도록 노력한다.

과거의 잘못을 뉘우치는 것을 참(懺)이라 하고, 앞으로 닥쳐올 잘못을 미리 예방하는 것을 회(悔)라고 한다. 참회는 근본적으로 나에 대한 집착을 버리고 마음을 말끔히 비우는 것을 뜻한다. 나에 대한 집착 때문에 대립하고 그 사이에서 미워하고 원망하고 노여움도 갖는다. 참회해서 그 마음을 말끔히 비울 때 거짓된 나에 대한 집착이 없게 된다.

 그러므로 어떤 수행에서든 참회를 하여 마음을 비우는 것이 기본이다. 그러기 위해서는 매일의 기도시간을 정하여 일심으로 수행하는 가운데 참회해야 한다. 우리의 깊은 마음 속에 앙금처럼 가라앉은 지나간 일들에 대한 감정들, 특히 분노, 원망, 증오 등은 일심으로 염불, 기도를 하면서 참회하여야 소멸된다.

 일심으로 정진하여 깊은 마음에 이르러야 지금에는 잊고 있는 지난날의 허물들이 드러나고 참회하여 소멸되는 것이다. 참으로 깊은 마음에 이르렀을 때 허물이 본래 없는 것을 알게 되니 이것이야말로 참된 참회에 이르는 길이다.

 오랜 전생부터 지어온 온갖 죄업과, 현생에 길들여진 나쁜 가치관이나 습관들은 너무나 두터워 쉽게 그 업장을 소멸시키기 어렵다. 오랜 생 동안 익힌 탐욕과 갈애는 잠깐 동안의 기도나 몇 번의 선행으로 가라앉게 할 수 없다. 그러나 올바르게 살려는 자신의 의지에 대한 믿음과 부처의 가피력을 입으려는 믿음의 표현으로 간절히 그리고 오래도록 기도한다면 전생의 업을 청산하고 지혜를 얻게 된다.

 이와 같은 참회나 기도의 방법 가운데 불보살님을 향하여 절을 하는 경우가 있는데, 한 번의 절에도 공덕이 있으므로 천배, 만배에 이르러서 그 수행의 공덕은 말할 나위가 없다.

 여러 번 절을 하는 가운데 신체의 관절이 순리대로 꺾이듯이 자신의 모든 아만이 저절로 꺾이게 되고 자기 겸손에서 오는 경건한 마음이 항상 일어나며 절하는 순간순간 서원과 원력을 세우므로 탐내고 성내고 어리석은 삼독심이 자연스럽게 사라지게 된다. 삼독심만 없다면 곧 삼매이고 지극히 안정된 마음으로 편안한 생활이 이어지며 모든 괴로움의 속박에서 쉽게 벗어날 수 있다.

 절을 하고 염불을 하게 되면 악업은 뉘우치게 되고 선업은 증장되므로 절을 하는 가운데 심신의 수련으로 정신통일은 물론 신체적 활동에 의한 건강증진과 신진대사의 촉진에서 오는 두뇌의 총명으로 질병예방과 치료에도 효과가 있다.

 큰스님들이 절을 많이 시키는 것은 아무리 좋은 수행법과 비법이 있어도 그것을 꾸준히 실천하는 인내심이 없다면, 더 나아가 업력에 의한 장애로 수행이 잘 안 된다면 성불할 수 있는 비결을 알고 있다 하더라도 소용이 없는 것이므로 업력의 장애를 막기 위해 업력의 덩어리를 땀으로 녹여내리기 위한 것이다.

기도

불교에서 행하는 기도란 기도를 하는 사람 스스로가 어떤 소원을 이루기 위하여 불보살님의 무조건적인 가피를 청하는 것이 아니다. 물론 불교도 현실적으로는 인류문화 속에서 종교라는 하나의 형식을 띄고 있는 만큼 신자들 대부분은 스스로 무언가의 간절한 바람들을 가지고 임하는 것임에 틀림이 없지만, 그러나 그와 같은 바람을 이루기 위한 방법으로서 불교에서의 기도는 기원보다도 오히려 '발원'에 해당한다고 하겠다.

다시 말해 무언가가 이루어지기를 무작정 절대자에게 바란다는 측면보다도 그 무언가가 이루어질 수 있도록 '스스로 어떠어떠하게 하겠다'는 다짐의 의미가 강한 것이다.

그러므로 기도의 방법 또한 자신이 바라는 바를 이러저러한 말로써 끊임없이 되뇌이기보다 일단 하나의 발원을 세운 다음에는 염불이나 절, 진언, 독경, 사경 등을 통해 정신을 집중하는 수행에 드는 것이다.

그리고 그와 같이 기도를 행해나가는 가운데 기도를 하는 사람에게는 자기 자신의 바람이 얼마나 정당한 것인가에 대한 반성과 아울러 참으로 올바른 삶의 길이 어디에 있는가 하는 깨달음이 일어나게 된다.

이것은 불교에서 이야기하는 기도라는 것이 실제로는 스스로의 내면에 이미 구족되어 있는 불성을 회복해나가는 길인 동시에 기도를 통해 얻고자 하는 불보살님의 가피력 또한 우주와 인생의 참된 이치, 즉 진리 그 자체 이외에 다른 것이 절대 아니기 때문이다.

기도란 발원을 보다 공고히 하기 위한 정신집중의 수행이므로 사찰에서 행하는 기도든 가정에서 행하는 기도든 특정의 절차가 있는 것은 아니다. 다만 일반적인 불교의 각종 의례들에 맞추어 가정에서의 기도절차를 생각해본다면 적어도 삼귀의와 참회, 발원, 정근, 회향의 순서는 있어야 할 것으로 생각된다.

다시 말해 삼귀의는 기도에 들어가기에 앞서 부처님과 부처님의 가르침 및 부처님의 가르침에 입각하여 참답게 수행하는 모든 이들에게 귀의의 마음을 표명하는 것으로서, 기도가 삿된 것이 되지 않도록 보살펴주기를 기원하는 의미도 있다고 하겠다.

두 번째 참회는 우리들이 살아오는 동안 스스로 알게 모르게 저지른 모든 악업들에 대해 반성하는 것으로서, 말하자면 스스로의 이기적인 욕망들을 떨어버리고 마음을 비운다는 의미도 있다.

다음에 발원은 그 기도를 하게 된 이유나 스스로의 다짐 등을 불보살님께 고하고 가피가 있기를 청하는 것이다.

정근은 염불이나 진언, 절, 독경, 사경 등을 통한 삼매를 수행하는 것으로서, 이때는 스스로의 바람이나 자신이 세운 발원 따위에 정신을 집중하기보다는 그저 한결같은 마음의 상태를 유지하는 데 초점을 맞추어야 한다. 그러므로 염불을 하는 경우에는 염불에만, 또 독경을 하는 경우라면 독경에만 몰입하여 아무런 다른 생각이 침범하지 못하게 한다.

마지막의 회향은 지금까지의 기도의 공덕이 두루 주변의 모든 이들에게도 돌아갈 수 있도록 기원하는 것으로서, 대개 사홍서원으로 대신해도 무방하다.

원활한 기도를 수행하기 위해서는 우선 다른 일상생활에 지장 받지 않고 몰두할 수 있는 시간을 선택하고 위와 같은 일정한 기도절차를 정하는 것이 좋다. 이런 준비가 되면 몸가짐으로서는 앉는 방법과 호흡이 중요하다.

앉는 방법은 발원이나 참회를 할 때는 꿇어앉은 자세, 그 외에는 결가부좌(結跏趺坐)나 반가부좌(半跏趺坐)가 바람직하다. 그러므로 옷차림도 신체의 어느 부위가 너무 조이지 않는 편안한 복장이 좋을 것이다.

기도를 할 때 앉는 방법을 중요시하는 것은 올바른 자세에서 올바른 호흡이 나오기 때문이다. 또한 올바른 호흡이 중요시되는 것은 호흡이 안정되어 있을 때 자연히 정신상태도

안정이 되어 쉽게 집중을 이룰 수 있기 때문이다. 그런데 실제로 독경이나 염불 등을 일심으로 행하다보면 특별히 자세가 흐트러지고 정신이 해이해지지 않는 이상 호흡은 그 가락에 맞추어 자연스레 안정이 되므로 너무 호흡만을 의식할 필요는 없다.

다음에 기도에 임할 때 지녀야 할 마음가짐으로는 첫째 믿음이 중요하다. 이 기도가 결코 헛된 것이 아니며 불보살의 가피가 분명히 나와 함께 함을 깊이 믿을 수 있을 때 기도도 올바른 공덕으로 이어지게 된다.

두 번째 참회하는 마음이 필요하다. 참회란 우리 자신의 평소 생활에 대한 반성이며 기도에 앞서 스스로의 마음을 비우는 것이다.

세 번째는 주변의 모든 이들에게 자비의 마음을 내는 것이 필요하다. 세상의 모든 중생들이 나와 한 몸임을 깨닫고 그들 모두에게 평화와 안락이 깃들기를 바라며 누구에게도 원망이나 미움을 갖지 않는 것이다. 이와 같은 마음가짐으로 기도에 임할 때 우리들의 기도는 참다운 공덕으로 그 위력을 발휘하게 될 것이다.

독경과 사경

경전을 읽는 데에는 수행을 위한 독경과 경전의 내용을 공부하기 위해 읽는 것의 두 가지로 구분할 수 있다. 수행을 위한 독경은 전경(轉經)이라고도 하여 법문을 굴린다는 뜻을 지니고 있다.

일반적으로 독경은 경전을 소리내어 읽는 것을 가리키는 것으로, 사찰이나 가정에서 손쉽게 할 수 있는 수행방법이다.

독경을 할 때에는 빠르지도 느리지도 않게 정성껏 읽어가야 한다. 읽어가는 가운데 부처님과 자신이 부처님의 말씀으로 하나가 되므로 여기에는 부처님의 크신 법문을 열고 법문의 광명을 굴리는 뜻이 있으며 동시에 생생한 부처님의 목소리를 듣게 되는 것이다.

모든 대승경전에서는 그 경을 받아지니고 독송하며 남에게 설하여주는 공덕에 대하여 그 한량없음을 한결같이 찬탄하고 있다. 경전이란 공통적으로 무명번뇌의 어두운 세상을 넘어가게 하는 길잡이의 역할을 한다. 지혜광명의 밝은 문을 열어주며 모든 악의 문을 닫고 열반으로 향하게 하는 경전은 성스러운 법문의 모음이다.

  그러므로 경전을 읽고 뜻을 관찰하면 저절로 마음이 열리고 슬기로워지고 거칠고 사악했던 마음이 정화되어 깨달음의 씨앗을 심게 된다. 그래서 경을 읽어 외우면 모든 죄가 소멸되고 한량없는 공덕을 성취하여 필경에는 성불한다는 것이다.

  독경을 할 때에는 경건히 불법승 삼보에 귀의하는 마음으로 모든 망념에서 벗어나 마음을 비워야 한다. 그러기 위하여 한참 동안 좌선 또는 염불하는 것이 좋다. 왜냐하면 일체 망념을 놓은 맑은 마음에서만이 부처님께서 설하신 진실한 진리의 내용이 그 뜻을 발하기 때문이다.

  경전을 독송하는 것은 내가 읽고 있지만, 실제로 경전 독송을 통해서 부처님의 목소리를 듣는 것이기 때문에 맑고 경건한 마음은 꼭 갖추어야 한다. 그러므로 맑은 마음에서 일심으로 독경해야 하며 다른 잡스러운 갈등이나 삿된 망념이 없어야 한다. 더욱이 서두르거나 과도하게 소리치는 것은 독경의 태도가 아니다. 호흡을 자연스럽게 하면서 청정심으로 정성스럽게 반복 독송하면 진정 부처님의 자비하신 진리의 은덕이 우리의 몸과 마음에 넘쳐오는 것을 알 수 있다.

  이렇게 독경을 행함에 따라 수행자는 재가이든 출가이든 경전을 지심으로 수지하고 독송하는 데서 오는 무량무변한 공덕을 얻게 된다. 독경 수행하는 불자는 진지한 자세로 독경에 임해야 하며, 부처님 가르침을 생명의 진실로 진지하게 받아들여야 한다. 이론으로 알아서 지식화하거나 관념적 이해로 만족하여 실천이 없고 자기 혁신이 없어서는 참된 독경의 마음가짐이라고 할 수 없다. 부처님께 예를 올린다는 경건한 몸가짐으로 독경을 하다보면 경에 설한 무궁한 진리와 내 마음의 고요하고 밝은 경지가 일치되어 모든 번뇌가 사라지고 또한 모든 분별을 잠재우게 된다.

그러므로 독경을 할 때에는 부처님 말씀과 부처님의 광대무변한 자비심에 예를 올린다는 공손한 자세로 나의 모든 집착을 내려놓은 상태에서 읽어나가는 것이 바람직하다 하겠다.

독경과 함께 사경(寫經)도 경전과 관련한 중요한 수행이다.

사경은 경전을 옮겨적는 것을 말한다. 인쇄술이 발달하지 못하였을 때에는 붓으로 써서 오래 전하고 널리 퍼뜨렸다. 전도의 길에 나선 전법자가 법을 전하기 위해서는 어쨌든 경전을 적은 사본이 필요했다. 사경을 많이 할수록 법은 더욱 많은 사람들에게 전파되게 마련이다. 그래서 한 권의 경전을 옮겨적는 일은 한 사람의 전법자로까지 비유되었다.

여러 경전에서는 경전을 서사하는 일에 대하여 그 공덕을 찬탄하고 있는데, 인쇄본이 나온 뒤에도 국가를 진호(鎭護)하기 위해서나 부모나 조상의 추복(追福)을 위하여 지성으로 사경하는 일이 이어졌다.

사경을 할 때에는 기도하는 절차에 준하여 행하면 될 것이다. 그런데 사경은 독경이나 염불에 비하여 시간이 많이 걸릴 수가 있다. 긴 경전은 이를 몇 등분하여 매일 일정한 양을 써서 전체를 완성할 수 있도록 계획을 세워야 한다.

다 쓰고난 뒤에는 부처님께 공양하고 나서 몇 가지 처리방법이 있다. 첫째 묶어서 책으로 만들어 가보로 보관하는 법이 있고, 둘째 다른 불자에게 선사하든지 병고나 재난으로 어려운 사람에게 보내준다. 셋째는 영가를 위해 공양하는데, 이때는 공양을 마치고 영가를 위해 불살라준다. 넷째는 사경한 경을 모아두었다가 절을 지을 때 중요한 부분 기초부에 밀폐하여 보관하거나 대들보 위에 안치한다.

염불

염불(念佛)은 부처님을 생각하는 것이다. 부처님은 끝없는 은혜이시고 걸림 없는 위신력이시고 무조건의 대자대비인 것을 굳게 믿으며 이를 염하는 것이다. 언제나 우리의 생명을 진리로써 충만하게 해주시고 대자비 은혜로 키워주시는 것을 믿고 마음의 눈으로 보듯이 오직 일심으로 부처님을 생각하는 것이다.

일반적으로 염불 수행하는 사람은 부처님의 한량없는 공덕을 믿고 일심염불하면 마음에서 일체 형상을 취하지 않고 큰 원을 세우고서 정진하게 된다. 정진하여나감에 따라 그동안 자신에게 쌓였던 모든 업장과 미혹들이 차례로 사라져 망념에서 벗어나게 되므로 바로 이것이 부처님의 공덕을 입게 되는 것이다.

다시 말하면 불보살님께서는 일체 중생에게 차별 없이 완전한 것을 주시지만 중생은 어리석고 미혹해서 알지 못하였는데 이제 염불수행을 함에 따라 그러한 미혹에 의한 분별을 제거하게 되는 것이다.

중요한 사실은 염불을 한다는 그 자체가 공덕 속에 포함되어 있다는 것이다. 염불을 하면 호흡이 평상시보다 6~10배 정도 더 길어지게 되므로 자연적으로 심호흡이 되고 맥박도 평상시보다 느려지게 되므로 마음이 안정되어 장수하게 된다.

소리는 건강과 정력과 행운의 변화를 나타내는 지표이다. 염불을 오래하면 자연적으로 아랫배 단전에서 소리가 나오게 되므로 건강하게 되고 기복 없는 마음이 형성되므로 복도 누리게 된다. 염불을 수행함에 따라 나타나게 되는 마음의 평안과 신체의 조화는 그 사람에게 환경을 능동적으로 밝게 변화시켜나갈 힘을 준다. 그러므로 염불은 절과 더불어 호흡의 비결이며, 훌륭한 수행방법인 동시에 업을 소멸하는 최상의 공덕인 것을 알 수 있다.

부처님을 염하는 염불에는 법신이신 부처님을 생각하는 법신염불(法身念佛)과 부처님의 공덕과 부처님의 덕성을 생각하는 관념염불(觀念念佛)과 부처님의 명호를 입으로 외우는 칭명염불(稱名念佛)이 있다. 그런데 일반적으로 염불이라고 하면 소리내어 외우는 칭명염불을 가리키는 경우가 많으며 특별히 관념염불와 칭명염불을 구분하지 않고 있다. 왜냐하면 이러한 세 가지 염불을 각각 따로 해야 하는 것은 아니기 때문이다.

부처님께 귀의하고 예배 찬탄하며 부처님의 공덕을 생각하면서 그 명호를 염불하게 되면 번뇌가 일어나지 않고 마침내 열반의 도리를 얻게 된다. 이때 하는 염불은 관념염불과 칭명염불을 합한 방법이다.

또한 깊은 삼매에 들어 염불하면 죄가 소멸되고 부처님을 뵈오며 불국에 왕생하게 되므로 이 염불을 왕생염불이라고도 한다. 아미타불을 염하여 극락에 왕생하는 데는 일반적으로 칭명염불을 중시하나 역시 부처님 공덕에 대한 관념을 빠뜨려서는 안될 것이다. 극락에 왕생하는 것은 아미타불의 본원에 의한 원력왕생이므로 여기에는 오직 귀의와 칭명염불이 중요하다.

염불에는 염불하는 사람의 마음에 따라 깊은 마음에서 염불하는 정심염불(定心念佛)과 산란한 마음으로 염불하는 산심염불(散心念佛)이 있고, 염불시간에 따라 매일 일과로 염불하는 일과염불과 시간과 장소를 가리지 않는 장시염불(長時念佛) 등이 있다. 소리의 높고 낮음에 따라 고성염불과 저성염불, 그리고 무성염불을 나누기도 하는데, 염불은 큰소리로 하는 것을 원칙으로 하고 있으며 소리를 내는 고성염불에는 용맹스러운 정진심이 나며 모든 부처가 기뻐하시고 삼매력이 깊어지며 정토에 왕생하게 되는 등의 10가지 큰 공덕이 있다고 한다.

진언

진언(眞言)이란 다라니(陀羅尼)라 하며 총지(總持) 즉, 모든 공덕을 다 지닌다는 뜻과 능차(能遮), 즉 모든 잘못을 다 막는다는 뜻을 가지고 있다.

총지라는 말이 보여주듯 진언은 모든 공덕을 다 갖춰 지닌 존재의 참모습인 부처의 덕성을 나타낸다. 곧 관세음보살의 광대원만한 대비심이 드러내는 한량없는 공덕의 세계, 부처의 세계가 바로 진언이 상징하는 세계이다. 그러므로 밀교에서는 모습 없는 비로자나법신을 모습으로 나타낸 여러 부처님의 근본이라 하고, 말 아닌 말인 진언이 모든 법이 의지하는 것이라고 하고 있다.

또한 총지라는 의미는 모두 지닌다는 의미인데, 첫째 일체 나쁜 법을 일어나지 않도록 하고, 둘째 일체 좋은 법을 사라지지 않게 하며, 셋째 일체 나쁜 일을 없애고 깨끗한 법계를 깨닫도록 하므로 총지라 하는 것이다.

진언이란 바로 번뇌를 돌려 지혜를 이루어내는 수행이다. 수행자는 진언행을 통하여 다함 없는 공덕의 세계 곧 부처의 세계를 자신의 내면세계뿐 아니라 온 우주에 드러내는 것이다.

 흔히 많이 하는 진언의 몇 가지를 보면 다음과 같다.

 '옴 마니 반메 훔'은 관세음보살본심미효육자대명왕진언(觀世音菩薩本心微妙六字大明王眞言)이라 하여 관세음보살의 미묘한 본마음인 여섯 자의 크게 밝은 진언이라고 한다. 이 여섯 글자 진언을 외우면 그 위신력으로 육도(六道)가 공(空)해지고, 육도가 공한 곳에서 여섯 바라밀행이 나타나게 되는 것이다. 이 진언을 외우면 큰 지혜를 얻게 되고 기타 모든 구하는 바를 얻지 못함이 없다고 한다. 이 진언의 위신력이 온갖 장애와 질곡을 깨뜨려서 해탈법계를 이루게 하며 빈곤과 모자람을 뒤집어 풍요와 완성을 주기 때문이다. 특히 이 육자진언을 진언 가운데의 대명왕(大明王)진언이라고 하고 일체의 복덕 지혜와 모든 행의 근본이라 하여 예로부터 우리나라에서는 천장이나 돌, 나무 등에 새겨 소중히 여겨왔다.

 경전을 독송하기 전에 외우는 정구업진언(淨口業眞言)인 '수리수리 마하수리 수수리 사바하'는 입의 업을 깨끗이 하는 진언이란 의미이다. 경전을 독송할 때 먼저 정구업진언을 외우는 것은 거짓의식이 아닌 깨달음의 마음, 거짓말이 아닌 참된 말, 뒤틀리고 닫혀진 일이 아닌 해탈의 일을 생활 속에 일으키기 위해서는 진언을 통해 먼저 그동안의 낡은 습관, 뒤바뀐 의식, 더럽혀진 언어생활을 청산하여야 하기 때문이다.

참선과 화두

참선(參禪)은 화두(話頭)를 들고 불도를 수행하는 선정(禪定)의 한 방법이다. 몸가짐과 마음가짐을 안정시킨 가운데 불법의 대의를 파악하기 위하여 내면적으로 깊이 침잠하는 수련법이다.

참선은 원래 인도의 선정사상에서 유래되었다. 선은 인도의 옛말로는 선나(禪那)로 조용히 생각한다는 뜻이다. 조용히 생각한다는 것은 진리가 무엇인지 알려고 하는 지혜와 안정된 정신상태 즉, 선정을 일치시켜 정혜를 함께 닦는다는 뜻이다. 그러므로 참선수행을 할 때 큰스님의 가르침이나 화두는 부처님의 가르침의 중심내용을 몇 마디의 말이나 상징적인 게송으로 던져 대중으로부터 진리에 대한 강한 의심을 내게 하는 것이다. 불법을 수행하는 대중들은 진리를 담고 있는 화두의 내용에 끊임없이 정신을 집중하고 불법의 핵심을 직접적으로 파고들어가 본래 갖추고 있는 청정하고 평등한 마음의 경지를 찾게 되는 것이 바로 참선인 것이다.

참선은 거슬러올라가면 석가모니부처님께서 보리수 아래에서 고락의 극단을 피하고 중도의 깨달음을 성취하신 수행방법이다. 부처님께서는 선을 사선(四禪)으로 나누어 차제적 수행단계로 설명하셨고 대승불교에 이르면 「반야경」을 비롯하여 여러 경전에서 육바라밀에 선바라밀을 넣어 반야바라밀을 얻기 위해 보살이 수행해야 할 덕목으로 중시하였다. 이러한 인도의 사상이 달마대사에 의해 중국으로 넘어오게 되었다.

달마대사는 중국으로 선사상을 전파하면서 불립문자(不立文字)의 선사상을 크게 일으켰다. 불립문자는 경전이라는 글에 집착하지 않고 마음으로 깨달음의 요체로 들어간다는 뜻으로 후대 중국과 우리나라의 선사상에 많은 영향을 주었다.

참선은 화두를 들고 하는 것이므로 일단 화두를 믿고 의지해야 한다. 화두는 갖가지 삿된 생각이 끊긴 경계이므로 생각으로는 알 수 없는 경계이다. 진리로 바로 들어가 언어도 끊어지고 모든 망견이 끊긴 그 자리에서 새롭게 자리잡은 불성, 그 자체인 것이다. 그러므로 참선을 할 때는 반드시 부처님과 여러 조사스님께서 깨치신 법성을 그대로 이어받은 선지식에 의지하여 그분의 가르침에 따라 닦아가야 한다.

문자를 의지하지 않고 마음으로 곧장 들어가는 것이 참선의 수행방법이다. 글로 쓰여진 교리를 수행법이라 생각 하면서 일상생활을 진실하게 행하지 않는다면 처음부터 이정표를 잃게 된다. 대개의 화두는 그 내용에서 근본의심을 담게 된다. 그러나 무엇이 근본의심인지, 무엇이 바로 마음으로 들어가는 길인지도 모르는 상태에서 참선수행하는 것은 잘못된 방법이다.

　석가모니부처님께서도 지관일치(止觀一致)의 수행으로 깨달으신 것이니만큼 그저 아무 것도 모르는 상태에서 마음에 의지하신 것은 아니다. 즉 지(止)라는 마음을 항상 평등하게 유지하는 수행과 관(觀)이라는 진리가 무엇인가 아는 지혜를 함께 일치시켜 우주만유에 흐르는 참진리를 알고자 하는 자세에서 출발하셨다.

　달마대사도 불교교학을 모두 통달하시고 불립문자(不立文字), 교외별전(敎外別傳), 직지인심(直指人心)의 사상을 선수행의 목적으로 하신 것이다. 그러므로 참선수행을 하는 불자들은 가르침의 법인 교학을 함께 하면서 마음을 닦는 선수행을 하여야 한다.

　참선수행을 하더라도 부처님과 조사스님들께서 깨달으신 법을 그대로 체현하신 선지식의 지도를 반드시 받아 일심으로 화두를 들고 안정된 좌법과 호흡으로 행해야 한다.

　참선을 하는 것은 몸과 마음을 안정시켜 진리 그 자체를 보는 수행방법이다. 법 자체를 직접 보고 자신의 원래의 참모습을 찾는 참선은 일상적으로 항상 하면서도 의식하지 못하는 호흡을 한결같이 하여 의식의 안정을 취하는 것이므로 무엇보다도 호흡방법이 중요하다.

　호흡을 하면서 끊임없는 번뇌망상을 잠재우고 의식 깊은

곳에 숨어 있는 맑고 청정한 깨달음의 성품을 발견해나가는 것이 참선수행이다. 그러므로 올바른 호흡방법은 깨달음의 성품을 보는 데 매우 중요한 것이다.

좌선입정중의 호흡에 대해서는 풍(風), 천(喘), 기(氣), 식(息)의 네 가지 방법이 있다. 이 가운데 식의 호흡방법이 올바른 좌선방법이다. 즉 숨소리도 없고 거칠지도 않고 숨쉰다는 의식도 없는 상태에서 하는 호흡이다. 이렇게 하려면 먼저 정신을 아랫배에 집중시켜야 한다. 그리고 호흡을 한두 번 토해낸 다음에 이어 서서히 들이쉰다.

고르고 깊은 호흡이 되도록 힘쓰며 다 들이쉰 다음에는 잠시 멈추었다 서서히 코로 토해낸다. 특히 호흡할 때는 무리해서는 안되며 생각과 힘이 호흡과 함께 움직여야 한다. 호흡의 속도는 각자의 편한 속도로 맞추되 처음의 의식적 호흡에서 무의식적 호흡으로 바꾸어가야 한다.

숨을 들이쉴 때는 비교적 천천히 하면서 내쉴 때는 단전에서 배로 가슴으로 향해 코로 토해낸다. 숨은 단전까지 들이마셔야 하지만 억지로 힘을 주지 말아야 하며 들이쉰 숨도 부자연스럽게 오래 머무르게 하거나 빠르게 하지 않는다.

이러한 호흡방법을 계속하면 처음에는 익숙하지 않다가 점차로 안정을 찾게 된다. 그리하여 호흡에 집중하여 참선을 하고 이것이 익숙해지면 스스로 의식하지 않아도 자연스럽게 올바른 호흡이 되므로 정신이 점차 안정된다.

참선수행에서 가장 중요한 화두는 수행자에게 주어지는 일종의 과제로, 강한 의심에서 정신적 변화를 가져오게 하는 의단(疑團)이다. 화두의 원래 의미는 말머리라는 뜻이지만, 공문서를 뜻하는 공안(公案)과 같은 의미로 쓰인다.

의단으로 주어진 화두는 잘못된 인식의 습관으로 생긴 번뇌망집을 깨우치는 작용을 하면서도 진리의 요체를 담고 있으므로 미혹한 생각으로는 알 수 없는 것이다. 특히 화두는 미혹한 생각도 마음도 표현도 끊긴 자리에 묘하게 드러나는 진리의 묘유(妙有)를 상징하므로 생각이 있지도 없지도 않은 상태를 나타낸다. 진리를 분별하는 생각을 버리고 진리 그 자체의 이치를 알려고 하는 각성에서 화두는 풀리는 것이다.

대개 화두의 내용은 언어로 이해하기 어렵다. 몇 마디 말에 핵심적 사상을 담고 있기 때문이다. 선종의 3조 승찬대사와 2조 혜가대사 사이의 유명한 선문답에서 화두의 예를 볼 수 있다.

승찬선사께서 혜가선사를 찾아가 "해탈의 법을 가르쳐 주십시오"라고 청하니 혜가선사는 "누가 너를 구속했는가?"라고 반문하셨다. 이에 승찬선사는 "사람은 구속됨이 없습니다"라고 대답하니 혜가선사께서 "그렇다면 어째서 다시 해탈을 구하는가?"라고 하였다.

이 대화 속에서 승찬선사는 깨달음을 얻었다고 한다. 여기서 "누가 너를 구속했는가?"와 같은 질문이 화두에 해당한다. 승찬선사께서 마음의 구속함이 없는데 해탈법을 물으니 혜가선사께서는 의식의 전환적 차원에서 "누가 너를 구속하였는가?"라는 질문을 던진 것이다.

이렇듯 화두는 불도를 수행하는 과정에서 본질에 대한 의구심을 이끌어내는 질문이다. 그러므로 화두를 받는 것은 교학과 수행을 함께 하면서도 알 수 없는 의문을 선지식에게 물어 그 해결책을 마음으로 받는 것이다.

화두의 내용은 무한의 표현이며 원만자재한 구경의 경지를 담고 있으므로 범부들의 삿된 소견으로는 헤아리기 어렵다. 또한 그 대답을 선각자가 언설로 표현한다고 해도 진리를 분별하려는 생각을 지닌 중생들의 입장에서는 이해하기 힘들다.

석가모니부처님 당시로 거슬러올라가면 그 정도와 깊이의 차이는 있지만 무수한 화두가 있었다. 부처님의 제자들은 부처님께 각기 다른 관점에서 각기 다른 질문을 하면서 진리를 구했다. 석가모니부처님께서는 이런 다양한 제자들의 질문에 대해 그들의 근기가 각기 달라 질문도 다르다고 인정하시고 근기에 맞는 대기설법을 하셨다.

묻고 대답하는 과정을 서술한 대부분의 경전에서 우리는 화두적 요소를 많이 발견한다. 특히 후일에 거염화(擧拈花)의 화두라 불리는 부처님과 가섭존자 간의 염화미소(拈花微笑)의 일화는 유명하다.

석가모니부처님께서 영산회상에서 설법하실 때 꽃 한 송이를 들어 대중에게 보이시니 그 뜻을 아무도 알지 못하고 오직 가섭존자만이 부처님의 뜻을 알아 빙그레 웃음으로써 대답하였다고 한다. 염화미소의 일화 속에 하늘에서 내린 꽃 한 송이가 화두에 속하며 이 꽃 한 송이가 담는 화두의 뜻을 부처님의 마음에서 가섭존자의 마음으로 이어졌으므로 언어가 끊어진 이심전심의 전달인 것이다.

참선 수행의 의의

　참선은 본래 석가모니부처님 당시부터 행해져온 불교의 전통적 수행법 가운데 하나로서, 불교수행의 기본원리를 계·정·혜의 삼학으로 나누어본다면 정에 해당하는 것이다.
　계가 일종의 행위규범으로서 올바른 도덕률에 따라 행실을 바르게 함으로써 몸과 마음을 적절히 조율하는 것이고, 혜가 올바른 관찰법에 의해 세계와 인생을 바라보는 지혜의 눈을 기르는 것인 데 비해, 정은 말 그대로 자세나 호흡 등의 조절을 통해 마음을 가라앉히고 번뇌망상을 잠재우는 수행법이다.
　오늘날 우리들에게 전승되고 있는 참선은 이와 같은 부처님 당시부터의 선정수행에 중국에서 발달한 선종의 사상적 측면이 첨가된 것으로서, 참선수행 그 자체가 마음을 관조하여 곧바로 우주와 인생에 스며 있는 절대의 진리를 발견하고 부처를 이루는 길이라고 하고 있다.
　그러므로 이와 같은 참선수행이 다른 여러 불교의 수행법들 가운데서 특히 강조되고 있는 이유는 특별히 중국에서 선종이 발달한 원인에서부터 찾아보아야 할 것이다.

불교는 석가모니부처님에 의해 창시된 이후 인도와 중국을 거치면서 이미 2,000년에 가까운 세월동안 발달에 발달을 거듭한 결과 교학사상이라는 측면에서 엄청나게 방대하고 세밀한 것이 되었지만, 그와 같은 지식의 축적이 불교 본연의 목적, 다시 말해 진리의 자각과 윤회로부터의 해탈에 어떤 도움을 주고 있는가 하는 심각한 고민이 제기되었던 것이다. 그리고 그 결과 불립문자를 표방하며 스스로 자신의 내면을 참구하여 깨달음의 본질에 접근하는 실제적인 수행이 선종의 발달과 더불어 강조된 것이다.

이와 함께 불교의 참선수행과 오늘날 우리 사회의 일각에서도 유행하고 있는 요가나 명상수련은 그 뿌리에 있어서 동일한 것이며 유사한 면도 대단히 많이 갖추고 있다.

그러나 불교가 인도라는 문화적 전통에 기반하여 성장했다고는 할지라도 인도의 전통사상들과는 분명히 다른 사상과 수행법을 지니고 있는 것처럼 이들 인도적 전통에서 출발한 여러 수행법들이 그대로 불교 고유의 수행방법인 참선과 같은 것은 아니다.

호흡을 조절하는 방법이나 앉는 자세 등에 흡사한 점들이 많고 정신의 집중을 중요시하는 면 등이 비슷한 것 같아도 참선과 요가수련 사이에는 엄격히 불교와 인도의 다른 사상들만큼의 차이가 존재하는 것이다.

흔히 불교사상의 독자적 특성이 삼법인(三法印)이라 하여 모든 것은 끊임없는 변화의 과정 속에 있고 세상만물에는 독자적인 실체랄 것이 없으며 탐욕과 무지에 뒤덮여 무비판적으로 살아가는 우리 인생의 현실은 괴로움일 수밖에 없다는 데 있는 것처럼 참선수행도 그와 같은 인식을 전제로 하고 있는 것이다. 그러므로 수행과정상에 나타는 여러 현상이나 경지에 집착하거나 그것을 절대시하지 않는 것이 참선의 독특한 면이라 할 것이다.

공양

　공양(供養)이란 음식물이나 의복 등을 삼보나 부모, 스승, 또는 죽은 사람에게 공급하는 것을 의미한다. 공양하는 물건의 종류와 공양하는 방법과 대상도 매우 다양하다.

　원래 공양이라는 말은 신체적인 행위에 관해서 주로 일컬어졌지만, 후대에 이르면 정신적인 것을 포함하여 신체적인 공양을 신분공양(身分供養)이라 하고 정신적인 공양을 심분공양(心分供養)이라 했다.

　「십주비바사론」에서는 재물과 불법을 바치는 것을 공양이라고 하였으며, 또한 「십지경」에서는 공경하는 뜻으로 바치는 꽃과 향뿐만 아니라 수행하고 계를 지키는 등 행동으로 하는 모든 것을 공양이라 들고 있다. 「증일아함경」에서는 음식과 의식, 좋은 약, 법을 지키는 것을 공양의 의미로 설하고 있다. 또한 「법화경」에서는 열가지의 공양의 종류를 들고 있다.

　경전마다 다양한 공양의 의미를 거론하지만 대체적으로 어떤 특정한 대상에게 베푸는 물질적 정신적 혜택을 의미한다. 특히 부처님 앞에 바치는 공양을 불공(佛供)이라 하고, 죽은 사람을 위해 바치는 공양을 추선공양(追善供養)이라 하며, 부처님을 치하하는 공양을 개안공양(開眼供養)이라 하고, 경을 공양하는 것을 개제공양(開題供養) 또는 경공양이라 한다.

공양은 중생이 부처님과 보살, 선인, 조상을 위해서만 바치는 것이 아니다. 부처님께서도 중생의 해탈을 위해 늘 법공양을 베푸신다. 아미타부처님께서 중생을 미혹에서 구제하기 위해 베푸시는 법회를 연공양(練供養)이라 한다.

이런 공양은 부처님이 계실 적에는 스님들의 걸식에서 처음 비롯되었으나 교단이 확대되고 불탑이 건립되면서 부처님과 스님에 대한 음식과 의복의 공양이 가르침에 대한 의미로 확대되어갔다.

방편의 의미

　불교에서는 진리에 도달하기 위해 진리 그 자체를 진리로 직접 표현하기 힘들 때 깨달음을 향해 가는 간접적 수단을 방편(方便)이라 한다. 예를 들어 깨달음을 향해 가는 뗏목은 피안에 도달하면 버리게 된다. 이때 뗏목은 피안에 이르게 하는 수단이므로 불교적 용어로는 방편이 된다.
　특히 석가모니부처님께서 중생을 교화하실 때 중생의 근기가 다르므로 한가지 법으로 진리를 표명하시기가 어려워 중생 각자의 입장에서 이해하기 쉽도록 설하신 대기설법을 방편이라고 따로 말하기도 한다.
　여러 가지 대기설법은 하나의 진리를 설하기 위한 임시방편교설이라고 볼 수 있다. 석가모니부처님이 세간에서 중생들에게 설하신 모든 교설은 언어에 의해 표현되고 있는 점에서 방편시설(方便施設)에 지나지 않으나 방편시설의 내용 중에 깨달음의 내용을 직접 나타내는 것을 진실교(眞實敎)라 하고 진실로 인도하기 위해 갖가지 형상과 언어로 표현한 것을 방편교(方便敎)라고 한다. 그러나 불교는 종교적 수행과 실천을 일치시키는 종교이므로 수단적인 방편교와 목적이자 깨달음의 내용인 진실교는 서로 분리될 수 없는 동전의 안팎과 같은 관계에 있다는 것을 잊어서는 안될 것이다.

방편을 이야기하면 대표적인 경전이 「법화경」이다.

석가모니부처님께서 보리수 아래에서 정각을 이루신 후 중생교화를 위해 법을 펼치시려고 할 때 생각하신 것이 과거의 부처님들과 같은 방편교화의 방법이었다. 즉 삼승을 방편으로 시설하는 것으로, 성문, 연각, 보살이라는 삼승의 분류는 부처님의 깨달음의 길로 이르는 방법은 모두 한 길이지만 중생 각자의 근기에 맞게 교설을 하기 위한 수단적 의미이다.

「법화경」에서는 성문승은 사제와 팔정도를 닦아 열반을 증득하고 연각승, 즉 벽지불승은 12연기를 닦고 보살승은 6바라밀을 닦아 깨달음을 구한다고 한다. 삼승방편(三乘方便) 진실일승(眞實一乘)이란 말을 통해 부처님께서는 오직 하나의 불승(一佛乘)을 설하셨고 삼승에 대한 교설은 단지 진실의 일승에 대한 방편으로 설시되었다는 것이다.

「법화경」의 「방편품」에서는 "오직 일승법만이 있고 이승도 삼승도 없다"라는 구절이 나온다. 이 내용은 이승이라든가 삼승이라든가 하는 것은 일승으로 인도하기 위한 방편에 지나지 않는다는 의미를 담고 있다. 「법화경」의 주장은 「화엄경」 「명난품」과 「승만경」 「일승장」에서 일승만을 설하고 일승에 의해 부처님이 된다는 내용과는 조금 차이가 있다.

그러나 삼승방편 진실일불승은 이타행을 무시하는 성문승

과 연각승의 소승과 자리이타행을 겸하는 대승의 보살승의 대립관계를 청산하는 의미에서 삼승 모두 불승에 귀의하여 깨달음을 얻는다는 「법화경」의 선언적 의미로 해석할 수 있다.

회향

　회향(廻向)이란 자신의 공덕을 돌려서 밖으로 향하는 것으로서, 특히 자기가 행한 선근을 돌려 일체중생의 깨달음을 위해 되돌려주는 것을 뜻한다.
　구체적으로 회향이라 할 때 회(廻)는 돌리는 것을 의미하고 향(向)은 그쪽으로 향하게 하는 것을 의미한다. 그러므로 중생과 자신의 깨달음을 위해 스스로 행한 선을 돌려 향하는 모든 것을 회향이라 한다. 간혹 죽은 이를 위해 하는 추도도 회향이라 한다.
　반야공사상의 입장에서는 회향자도 회향법도 회향처도 없는 곳에 진정한 회향이 있다고 강조한다. 「소품반야경」「회향품」에서는 법도 법에 회향한다는 것도 없을 때 이것을 아뇩다라삼막삼보리에 회향한다고 하여 회향의 의미를 모든 집착을 버린 공의 의미로 해석한다.
　중국의 혜원스님은 회향을 세 종류로 구별하여 설명한다. 즉 자신이 닦은 선을 깨달음을 얻는데 돌리는 것을 보리회향(菩提廻向)이라 하고, 자신이 닦은 착한 공덕을 다른 중생을 이익하게 하는 데 돌리는 것을 중생회향(衆生廻向)이라 하며, 자신이 닦은 선근을 평등의 진리에 돌려 하나하나의 선이 진여법성(眞如法性)의 현현이라고 관하여 평등법신의 진리를 깨닫는 것을 실제회향(實際廻向)이라 한다.

정토교에서는 회향의 의미를 칭명이나 염불을 통해 공덕을 정토로 되돌려가는 것이라 한다. 곧 자신의 공덕을 중생에게 돌려 더불어 아미타불정토에 왕생하려고 원하는 것을 왕생회향(往生廻向)이라 하고 정토에 태어난 후 다시 이 세상에 돌아와 중생을 교화해 정토로 향하도록 해주려는 것을 환상회향(環相廻向)이라고 한다.

이렇듯 회향의 의미는 자신이 닦은 착한 모든 행동과 마음을 진실한 법에 따라 중생에게 돌려 중생 또한 깨달음의 세계로 향하게 하는 것이다.

상구보리 하화중생

　상구보리(上求菩提) 하화중생(下化衆生)은 중생제도를 강조하면서 등장한 대승불교의 자리이타(自利利他)의 정신, 즉 자신도 이롭게 하면서 타인도 이롭게 해야 한다는 공동체적 정신을 표현한 말이다. 보살이 위로는 자신을 위해 깨달음의 지혜를 구하고 아래로는 깨닫지 못한 중생을 제도한다는 뜻을 담고 있다.

　상구보리 하화중생은 보살의 원래적 표현인 보리살타의 의미로도 파악될 수 있다. 보살이란 본래 보리살타를 줄인 말인데, 보리살타는 인도의 옛말 보디삿트바를 소리나는 대로 옮긴 말이다. 여기에서 보리란 깨달음을 의미하고 삿트바란 중생이란 뜻으로, 상구보리 하화중생은 보살이 마땅히 해야 하는 자리이타행을 가리키는 것이다.

　특히 상구보리와 하화중생은 분리될 수 없는 것이 피안에 도달하기 위해 큰 수레에 탄 대승과 작은 수레에 탄 소승의 차이점이다. 작은 수레에 탄 소승불교에서는 위로 부처님의 깨달음의 지혜를 구하나 아래로 중생제도는 게을리한다. 그러나 대승은 혼자 타는 것이 아닌 같이 타고 피안의 길로 가는 큰 수레이기 때문에 위로 보리를 구할 뿐만 아니라 아래로 중생을 인도해 깨달음으로 가는 수레에 타야하는 것이다. 그러기 위해서는 부처님의 법을 위로는 자신을 위해 구하고 아래로는 중생제도를 위해 끊임없이 굴려야 한다.

상구보리와 하화중생이 일치될 때 진정한 깨달음은 성취될 것이다. 그러므로 부처님의 깨달음의 지혜를 믿고 따르는 우리 불자들은 위로는 부처님의 위신력과 가르침을 믿고 수행하고, 아래로는 우리 이웃의 불행과 고통을 함께 하면서 불도로 이끄는 것만이 진정한 불도수행의 실천이다. 그리고 이것은 다시 말하자면 사회 전체의 도덕적 정식적 각성을 의미하는 것이다.

사홍서원

대승불교에서는 많은 서원들이 설해지는데, 이들은 나중에 정리되어 모든 보살에게 공통되는 서원으로 제시되기에 이른다. 이를 사홍서원(四弘誓願)이라고 하며, 총괄적인 서원이라는 의미에서 총원(總願)이라고도 한다.

이 사홍서원은 현재 공식적인 불교의식에서 주로 법회가 끝날 때 한결같이 사용되고 있다. 그래서 법회에 한번이라도 참석해 본 사람은 사홍서원을 알고 있을 것이다.

그런데 네 가지로 제시되는 이 서원은 혹자가 듣기에는 각각 따로따로 구성되었으며 하나의 서원을 이룬 다음 순차적으로 이루어가는 것이 아닌가 이해할 수 있다. 말하자면 중생을 다 건진 뒤 번뇌를 끊고 법문을 다 배워서 성불에 이른다고 하는 수행의 과정을 보인 것으로 해석할 수 있다. 그러나 이는 오직 한 가지 길인 보살도가 네 가지 형태로 나타난 것에 불과하다.

위로 보리를 구하고 아래로 중생을 교화한다는 말을 먼저 깨달음을 얻은 다음에 중생을 교화하려는 것으로 이해하는 것이 잘못이듯이 중생교화와 번뇌를 끊는 것, 그리고 법문을 배우고 불도를 이루는 것은 총체적으로 보살행을 하는 자의 수행의 내용이며, 어느 것 하나도 더욱 우월하다거나 먼저 이루어지는 것이 아니라 동시에 성취되어야 할 내용인 것이다.

또한 네 가지 원 하나하나는 각각 나머지 세 가지 서원의 내용을 포함하고 있다. 중생을 구제함에 따라서 번뇌가 사라지고 법문을 배우게 되며 불도를 이룬다. 마찬가지로 불도를 이룬다는 것은 중생을 교화하고 번뇌를 끊고 법문을 배우지 않으면 이를 수 없는 것이다.

그러므로 어느 한 가지로 나아가도 모두가 부족해지는 것이기 때문에 사홍서원을 일컬어 모든 서원의 총괄적인 총원(總願)이라 하는 의미가 있는 것이다.

4장

21세기 불자들이 사는 법

제 4 장

21세기 불자들이 사는 법

임신중절에 대한 입장

생명을 중히 여기고 살아있는 모든 생명체의 미래의 무한한 가능성을 인정하는 종교가 바로 불교이다. 특히 우리가 알고 있는 모든 생명 속에는 불성이라는 대단히 소중한 원기가 있다고 선언한 불교가 어떻게 사람의 생명인 태아를 소홀히 여길 수 있을까?

흔히 옷깃을 한번 스쳐도 몇 겁의 인연이라고 하는데 부모 자식의 연을 맺겠다는 태아의 인연은 말로 표현할 수 없는 인연일 것이 분명하다. 부파불교의 여러 학파에서는 사람이 죽은 다음에 다음생을 받는 과정을 매우 자세히 설명한다. 그러한 학파에서는 우리가 죽는 것은 육신의 인연이 다했다는 것을 의미하지 결코 영혼의 인연마저 다한 것은 아니라고 주장한다. 물론 깨달음을 얻어 부처님이 된다면 사바세계와 인연을 다해 윤회에서 벗어나겠지만, 그렇지 않을 경우 영혼은 계속 육신이라는 옷만 갈아 입으며 끊임없이 활동한다는 것이다.

이것을 쉽게 과학적으로 비유하면 고체에너지가 액체에너지로, 액체에너지가 기체에너지로 모습이 계속 바뀌어도 에너지 자체는 없어지지 않는 것과 같은 논리이다.

사람으로 태어날 태아는 항하사의 모래만큼 많은 중생을 제도할지도 모를 중한 부처님의 자식이다. 법왕자가 될 수도, 전륜성왕이 될 수도 있다. 지옥중생을 모두 제도하지 않으면 결코 성불하지 않겠노라는 서원을 세운 지장보살과 같은 원력보살일 수도 있다. 그러므로 임신중절은 어떠한 명분이 있어도 그 업보를 받게 된다.

그러나 한편으로는 식량위기와 인구급증이라는 현실을 외면하느냐의 문제에 봉착한다. 그럴수록 생명의 존귀함을 생각하고 미리 올바른 가족계획을 실천하여 재가신자로서 계 · 정 · 혜의 삼학을 일치시켜야 할 것이다.

자살에 대한 입장

우리의 생명은 인연에 따라 인연이 다하는 만큼 살아간다. 인간으로 태어난 우리의 생명은 육도(六度) 중에서 천(天)과 가까운 인간계로서 지옥, 아귀, 축생보다 수승한 단계에서 태어난 것이다. 무엇보다도 우리의 생명은 항상 진리를 지니고 있으므로 만물의 근원이되며 우주의 핵심적 역할을 담당한다.

많은 경전에서는 인간으로 태어나는 복덕을 강조하고 있다. 인간의 생명은 무엇과도 바꿀 수 없는 절대진리의 담지자이기에 우리의 일심은 육도의 모습을 스스로 지어 보인다고 한다. 그리고 일심의 청정성을 깨닫지 못했을 때 지옥중생이나 아수라의 세계에서 볼 수 있는 갖가지 극한적인 상황이 전개된다.

마음에서 빚은 고통은 현실을 고통의 세계로 끌고간다. 이러한 고의 상황은 좌절과 심한 정신적 공허를 낳게 하여 죽고 싶은 심정까지 일으키는 것이다.

그러나 생명에 자의든 타의든 강제성을 주면 후에 엄청난 업을 받게 된다. 인간으로 태어났으면 세계의 진리를 알 권리가 있고, 알려고 노력하고 수행하면 아무리 눈앞의 고통이 크다 해도 고의 원인은 바로 해결되며 원래 지니고 있던 마음의 평정을 유지한다고 보는 것이 불교의 입장이다. 즉 눈앞에 있는 괴로움의 원인을 객관적으로 살피고 그 원인을 반성하고 반성된 마음을 모든 일에 적합시켜 한결같은 마음상태를 유지하는 것이다.

자살행위는 자신의 문제를 마땅히 풀어야 함에도 불구하고 미루거나 포기하여 훗날 더 나쁜 조건에서 해결해야 하는 결과를 초래하는 것과 같다. 괴로운 상황은 고의 현상을 정확히 바라볼 수 있어 오히려 깨달음으로 가는 지혜를 열 수 있다. 이럴 때일수록 올바른 견해와 마음가짐, 언어, 행위, 생활, 노력, 생각, 선정을 하는 8정도(八正道)의 수행이 필요하다 할 것이다.

안락사에 대한 입장

존재하는 것 모두는 오온(五蘊)으로 이루어져 있고, 물질로서 육체를 대표하는 색온은 4대(四大) 즉, 지수화풍(地水火風)으로 이루어져 있다. 또한 색온으로서의 육체와 달리 우리의 정신은 행위의 모든 경험을 짊어지고 있는 마음이라는 것에 해당하는 아뢰야식에 지배되고 있다.

죽음을 말할 때 불교에서는 색온인 육체의 멸과 더불어 인식의 기능인 아뢰야식이 특정한 육체에서 활동을 멈춘 상태를 가리킨다. 그러나 의학계에서는 육체적 감지작용 등이 미세하고 뇌의 기능이 거의 멈추었을 때, 즉 식물인간의 상태일 때 안락사의 문제를 가지고 시비가 분분하다.

이 점에 대해 불교에서는 육체의 기능과 정신의 기능을 사대와 아뢰야식으로 나누어 설명한다. 즉 색온이라는 육체의 근육과 내장기능은 단지 사대에 불과해 죽고나면 각기 지수화풍으로 분화되어 육체 고유의 것들은 아무 것도 없다고 한다. 반대로 정신작용인 영혼, 즉 아뢰야식은 업력을 지녀 다음생을 받는 주체로 작용한다.

아뢰야식은 전생의 모든 행위를 훈습해온 종자를 간직해

선인선과(善因善果) 악인악과(惡因惡果)의 싹을 낳는다고 본다. 이렇게 볼 때 뇌의 활동을 하고 있는 환자는 아뢰야식이 아직 활동하고 있다는 증거가 되므로 진정으로 죽은 것이 아니다.

또 육체의 기능도 아뢰야식과 관계하므로 육체의 기능이 감지되면 진정으로 죽은 것은 아니다. 인간의 육체는 아뢰야식이라는 인식기능이 함께 자리할 때 중요한 것이지 마음이 떠났을 때는 한갓 지수화풍에 불과하다. 그러므로 아뢰야식의 기능이 활동을 한다면 안락사는 강제로 인식작용을 끊는 것이므로 불교적 입장에서는 타살의 경우와 같다. 미세한 기능이라도 아뢰야식의 기능이 감지되면 인연이 스스로 다하도록 지켜보는 것이 불자의 도리가 될 것이다.

장기기증에 대한 입장

대승불교의 대승이란 큰 수레라는 뜻이다. 큰 수레란 한 사람이 타고가는 것이 아니라 나와 내가 이웃한 모든 사람이 함께 피안의 세계, 즉 깨달음의 세계로 간다는 뜻이다. 그러므로 대승불교의 중심내용은 자기의 성불만이 아니라 타인의 성불까지 담아내는 실천도를 중시한다. 특히 자리이타(自利利他)의 실천도인 육바라밀의 덕목은 대승불교의 가장 큰 특징이다.

육바라밀 중에서 첫째 항목인 보시바라밀은 깨달음의 첫걸음으로 강조되고 있다. 보시란 나와 다르지 않은 남을 바라보고 나와 같은 입장에 있는 상대를 아무런 보상없이 도와주는 것을 말한다. 바라밀이란 구극의 완성으로 진리 자체를 뜻한다. 그러므로 보시바라밀을 행할 때 우리의 마음은 불심의 원천인 자비심에 곧장 이르러 자비심은 대자대비를 발현하게 된다. 보시바라밀은 자비심을 바탕으로 하여 재물보시, 지혜보시, 법보시 등등의 여러 가지 형태를 띨 수 있다.

육바라밀의 보시정신에 입각해본다면 장기기증도 자신의 신체의 일부를 타인의 생명과 건강에 기증하는 것이므로 보시바라밀에 해당한다. 특히 이러한 보시는 범부들이 유일한 자기 것으로 집착하는 육신의 일부를 타인의 육신에 기증하는 것이므로 불교적 입장에서는 매우 훌륭한 보시라 볼 수 있다.

기증자에게 좀 더 바란다면 장기기증을 행할 때 상대가 당면한 고통에서 벗어나 지혜바라밀을 닦을 수 있도록 법보시를 함께 해주면 최상의 보시가 될 것이다.

범부가 집착하는 육체라는 현상은 온갖 것과 대립하며 자기이기를 고집하여 이 세상의 본래 모습이며 영원한 진리인 진실상을 스스로 가린다. 그러나 다른 한편으로 육체의 기능은 참다운 정신이 깃들 때 무한한 자비보시의 주체가 되는 것이다.

정당방위의 살인에 대한 입장

불교의 계율은 강제성보다는 몸과 마음의 상태를 일정하게 조정하는 수행의 성격을 갖고 있다. 그렇기 때문에 계를 바르게 지킴으로써 정신통일의 선정을 얻을 수 있고 바른 선정을 얻음으로써 충분한 지혜를 얻을 수 있는 것이다. 계를 잘 지키려면 무엇보다도 바른 언어생활, 신체적 행동, 정신적 생활을 영위해야 한다. 즉 어행청정(語行淸淨), 신행청정(身行淸淨), 의행청정(意行淸淨)이 필요한 것이다.

불교계율의 관점에서 본다면 정당방위의 살인이라 할지라도 특히 생각으로 짓는 지계가 얼마나 청정했는가 먼저 반성해 보아야 한다. 아무리 정당방위에 의한 살인이라 할지라도 그 원인은 결코 일시적이거나 단편적이지 않을 것이다. 피해자와 가해자 사이에 보이지 않는 반목과 갈등, 공격, 악의, 변명 등등 다방면의 상황을 분석해야 참다운 원인이 나올 것이다. 마음속의 의도가 청정했더라도 신체적 행위가 남의 생명을 빼앗았다면 신업(身業)을 지은 것이므로 행위에 대한 과보는 받게 된다. 사회의 법률로 정당방위가 입증되어 가해자는 살인죄에 저촉되지 않는다 해도 피해받은 영혼은 서로

맺었던 악연을 쉽게 풀 수 없다.

　불교에서는 어떠한 행위든 극한상황을 만들지 않게 하기 위해 십선계(十善戒)를 중시하고 있다. 또한 가해자의 심적 고통을 덜어주고 피해자의 영혼의 갈등을 덜어주기 위해 천도재라는 불교의식을 행하고 있다. 살인으로 죽은 영혼은 특히 육체에 대한 강한 집착으로 우리가 흔히 겪는 정신불안상태 이상의 혼란을 겪는다. 이런 영혼에게 반목을 풀고 불생불멸의 깨달음을 주어 새로운 삶으로 나가게끔 도와주는 의식이 천도재이다. 영혼이 천도의 공덕으로 새로운 삶을 받게 되면 가해자는 과보에서 벗어날 수 있을 것이다.

사형제도에 대한 입장

불교에서는 인간으로 태어났으면 누구나 불성, 즉 부처님과 같은 성품이 숨어 있는 여래장(如來藏)이 있다고 한다. 이 여래장은 번뇌에 덮여 있어 진리를 알지 못하고 미혹한 세계에 놓여 있지만 기본적으로 자성이 청정한 마음을 지니고 있기 때문에 진리를 인식하고 실천하면 본래의 마음을 찾을 수 있다. 그러므로 「열반경」을 비롯한 여래장 계통의 경전에서는 일체중생실유불성(一切衆生悉有性)을 선언하면서 모든 중생이 성불할 수 있다는 시실을 강조하는 것이다. 뿐만 아니라 대승을 비방하는 등의 5역죄를 저지른 중생과 이찬티카라는 선근이 끊어진 중생도 모두 성불할 수 있다고 한다.

이러한 불교의 불성사상에서 볼 때 사형제도는 사회기강 확립과 민생보호라는 명분이 있다 해도 폐지되어야 한다. 어떠한 극악무도한 범법자라도 그 마음 깊은 곳에는 객진번뇌에 가려진 자성청정심이 있기 때문이다.

석가모니부처님께서는 앙굴리마라는 수많은 사람을 살해한 살인마에게도 교단입단을 허락하셨다. 앙굴리라마는 참회하고 부처님의 가르침에 따라 수행하여 아라한의 경지까지

오르게 된다. 부처님께서 살인마에게 출가를 허락하신 것은 인간 생명에 흐르는 본원은 살인을 일삼던 앙굴리마라의 것이나 부처님의 불성이나 깨달으면 모두 똑같다는 점을 아셨기 때문이다.

살인자가 교화되지 못한 이유는 선지식과 불법을 만날 기회가 없었던 것이다. 오탁악세 속에도 부처님께서는 현현하신다. 이런 점에서 사형제도는 병리를 처단한다는 경각심보다는 주변의 병리에 대한 환경적 요소와 사회적 제도를 개선함으로써 보다 구체적 방안으로 대체되어야 할 것이다. 악인을 선한 방법으로 다스려 선과를 맺는 것이 부처님의 인과의 이치이기 때문이다.

기업을 경영하는 불자의 자세

기업은 생산과 영리를 목적으로 하는 사업을 말하나 부처님의 정법을 믿는 불자라면 생산과 영리 자체가 어떤 것인가를 먼저 생각해야 한다. 무엇보다도 생산에 있어 기업은 소비자가 있으므로 물건을 팔아주고 생산 자체를 가능하게 해주며, 소비자는 기업의 생산활동의 대가를 얻게 되므로 기업가와 소비자의 관계는 상부상조의 관계이다.

또한 기업가는 많은 사람의 경제생활의 기반을 마련해주는 한편으로 영리를 얻음으로써 피고용인과 동생동거의 관계를 이루어간다. 그러므로 자본을 투자하게 되는 기업가는 투자자본에 의한 영리를 얻게 되면 반드시 확대재생산으로 또 다른 영리를 추구해야 하지만 수요자나 피고용인과의 관계가 있으므로 재투자는 대중에게 회향하는 방법이어야 할 것이다.

그러나 종종 기업가들은 처음 자본투자의 주체로서만 생각하고 피고용인이나 소비자와의 상부상조의 관계를 망각하여 엄청난 소득불균형으로 사회적 불안을 일으키기도 한다. 하지만 재창출된 부란 사실은 사회공동체의 상호협력과 피고용인의 땀의 결실이다. 그러므로 기업은 생산투자로 얻은 영리를 사회의 바람직한 변화나 대중의 절대적 빈곤의 퇴치를 위해 재투자하거나 환원해야 한다.

석가모니부처님 당시의 부호 수닷타장자는 기원정사(祇園精舍)를 교단에 바쳤고, 「유마경」의 유마장자는 재물만큼 풍부한 지혜로 많은 중생을 구제했다.

오늘날과 같이 사회의 경제영역이 확대됨에 따라 상대적 빈곤이 정신까지 피폐시키는 상황에서 경제담당자들은 물질의 평등이 얼마나 중요한 것인가 다시 한번 생각해보아야 할 것이다. 그리고 정의실현의 원칙으로 정신의 절대적 평화를 실현하면서 피고용인을 동반자로 승화시켜야 할 것이다.

장사하는 불자의 마음가짐

　상업은 생산자와 수요자 사이에서 유통의 편의를 제공하는 직업을 말한다. 또한 상업은 가까운 수요자에게 물건을 파는 판매행위를 담당하며 영리를 목적으로 한다. 생산자와 소비자의 중간다리 역할을 하는 상업은 일반대중에게 직접적 편의를 제공하는 중요한 역할을 담당한다. 간혹 경제가 흔들릴 때 상거래에서 가장 많은 문제점이 드러나는 것도 상업형태 자체가 민생과 매우 밀접하기 때문이다. 그래서 불자는 상행위를 할 때 매점매석 등의 유통을 마비시키는 일은 영리의 차원을 넘어 민생의 피폐마저 낳기 때문에 철저히 금해야 할 것이다.

　불자로서 상업적 직업을 가진 사람은 상거래가 담당하는 사회적 역할을 생각하고 고객을 불보살로 바라보며 섬기는 마음이 무엇보다도 중요하다. 고객을 불보살이라 여기면 불보살님들은 상점에서 받은 친절과 정성을 결코 잊지 않고 자주 찾아가 더 많은 도움을 주게 된다. 그러나 처음부터 고객을 불보살이라 보긴 힘들다.

　한번 내 존재에 대해 넓게 생각해보고 선각자인 부처님의 원만자재한 자비심을 바라볼 때 주변의 모든 사람들이 바로 내가 서 있는 자리를 제공해주고 있음을 발견할 수 있다. 이런 바른 인식은 손님을 사고파는 관계로만 보지 않게 한다.

　불보살은 먼 곳에 계시는 존재가 아니라 바로 내 앞의 손님으로 현현하신다. 고객을 불보살이라 생각하면 은혜는 구체적으로 뚜렷하게 현실로 드러난다. 고객을 불보살로 섬기는데 어떤 고객이 이 상점을 멀리 할까?

　상업뿐 아니라 모든 직업에서도 대중을 위한 봉사하는 마음과 친절한 태도는 더 많은 신용과 감사함을 받게 한다. 그러므로 불자는 판매할 때나 물건을 살 때에 항상 감사하는 마음으로 상대방을 대해야 할 것이다.

전쟁에 대한 입장

부처님께서는 나와 너의 경계가 없는 사회, 계급과 계급의 차별이 없는 사회를 위해 국가와 국가가 실리로 반목하지 않는 불국토상을 보이셨다. 영원한 불국토건설을 위해 중생은 옳게 보고 판단하고 실천수행하라고 가르치셨다. 각자 세계의 잘못된 모든 현상을 진실된 눈으로 바라볼 때 나만의 경계는 사라지게 될 것이다. 또한 모든 중생이 평등한 마음을 갖게 될 때 미륵불의 용화세계나 아촉불의 동방묘희국은 이 땅에 그 모습을 드러낼 것이다.

정토와 극락의 모습은 아주 먼곳에 있는 것이 아니다. 가까운 우리 사회의 중생이 보다 큰 평화를 바라보고 개인을 떠나고 지역사회와 국가사회를 떠나 세계동포주의를 이룬다면 이 땅이 바로 정토요 극락이 되는 것이다.

「미륵성불경」에서는 "정토는 지극히 가까운 데에서 작은 일로부터 완성되어간다"라는 구절이 있다. 이 말씀은 정토는 인간이 만들 수 있는 장엄상이라는 내용이다. 그러나 전쟁은 인간의 마음을 정토에서 고통만으로 가득찬 사바로 전락시키는 파괴행위이다. 특히 대량파괴와 살상은 인간의 존엄성 자체를 말살시키므로 엄청난 과보를 가져온다.

역사적으로 전쟁은 우위확보와 사상적 강요를 대동한 집단 이기주의에서 비롯된 것이 대부분이었다. 정신의 피폐는 모든 악의 요소를 저항없이 받아들이게 한다. 그러나 부처님께서는 근본악을 없애는 마음의 평화를 가르치셨고 전쟁을 피할 수 없는 상황에서도 화평을 구할 것을 강조하셨다. 물질을 원할 때 물질을 주어 평화를 유지하거나 방편적 힘의 우위를 확보하는 방법을 취해서라도 평화를 유지하라 하셨다.

모든 생명을 귀하게 여기신 부처님의 가르침은 투쟁관계에 있는 모든 국가들에게 교훈이 될 것이다.

환경보호에 대한 입장

 우리가 사는 이 국토는 부처님께서 항상 법신을 나투셔서 중생을 교화하며 머무시는 세계이다. 그러므로 우리가 가르침대로 이 국토를 장엄하고 깨끗이 가꾸면 정토의 모습은 현실로 다가오는 것이다.

 실제로 불국토의 장엄상은 정토삼부경을 비롯한 아미타신앙을 담은 여러 경전에서 매우 이상적으로 기술되어 있다. 「대품반야경」에서는 "사리불아, 너희 보살은 중생을 구제하라. 부처의 나라를 청정히 성취하라"라고 설하신다.

 이 내용은 불국토를 건설하기 위해서는 먼저 국토에 사는 중생을 정법으로 제도하고 국토에 속한 모든 산하대지를 청정히 하고 사랑하라는 뜻이다. 결국 중생의 마음이 청정해지면 국토 자체는 자연히 청정해지는 것이다.

 현실적으로 생각해보아도 사람의 마음이 불심으로 가득하다면 자연의 질서를 무너뜨린다거나 훼손하지 않을 것이다. 정토의 장엄상은 주변의 나무와 물과 새의 밝고 맑고 청정한 모습에서 시작되는 것이다.

 정토의 모양에 대해 「무량수경」에서는 "대지는 금·은·유리·산호·호박·마노의 칠보로 되어 아름답게 광명이 비치고 있고 대해와 호수, 크고 작은 계곡은 평탄하고 칠보로 된 수목이 정연하게 무성하며 나뭇가지와 잎과 꽃과 열매는 칠보로 빛나고 있을 뿐만 아니라 시원한 바람이 칠보로 빛나는 나무들 사이에 불면 기묘한 음악을 연주한다"라고 표현하고 있다.

이처럼 불국토의 모든 장엄상은 인간 마음의 장엄상이면서 국토를 의지하는 모든 환경의 장엄상인 것이다. 즉 인간과 자연환경의 관계가 바로 이런 것이다.

그러므로 불자들은 마음을 청정히 하여 번뇌를 없애고 지혜를 일으키듯 주변환경을 소중히 여겨 세속적 환경을 정토의 장엄상으로 바꿔나가야 할 것이다.

오늘을 사는 불자의 자세

오늘날 우리 사회는 여러 가지 문제들이 복잡하게 얽혀 있어 대단히 혼탁한 양상을 보이고 있다. 예를 들면 자본주의적 경쟁원리에서 파생된 집단 이기주의의 만연이나 상업적 대중문화의 횡행, 산업화의 과정에서 등장한 심각한 환경오염, 계층간·지역간의 극심한 갈등과 불화 등 모든 것이 공동체적 삶을 부정하고 있다.

그리하여 과연 이 세상은 성실하게 살 만한 가치가 있을까, 자신만이라도 올바르게 살아보려는 것에 어떤 의미가 있을까 하는 회의가 일기도 한다. 이처럼 도덕이 무기력하게만 보이고 정의가 영영 실종돼버린 것같은 오늘날의 시대에도 우리 불자들이 잃지 말아야 할 궁극의 마음가짐은 무엇일까?

「법화경」「상불경보살품」에 나오는 이야기를 통해 살펴보자.

「법화경」은 잘 알려져 있듯이 부처님의 중생구제의 영원무궁함과 아울러 그에 대한 철저한 믿음을 강조하고 있는 경전이다. 특히 「상불경보살품」에서는 상불경보살이라는 한 인물을 통하여 오탁악세와도 같은 세상에서 불자가 어떤 수행을 하는가를 보여주고 있다.

경전에 의하면 상불경보살은 경전을 전혀 읽거나 외우지 않으면서 오로지 다른 사람들을 향한 예배만을 행했다고 한다. 즉 누구나 부처님이 되실 분이므로 공경하고 예배한다는 것이다. 그때 사람들이 그의 그런 태도를 못마땅하게 여겨 돌을 던지고 몽둥이질을 해도 먼발치로 피해서 예경을 멈추지 않았다고 하는데, 여기에는 깊은 암시가 담겨 있다.

말하자면 우리 자신뿐 아니라 우리 주위의 이웃들은 모두 불성의 소유자로서, 설혹 그네들 스스로가 그것을 부정한다 해도 그와 같은 사실을 끊임없이 일깨워나가는 길, 거기에 어려운 현실 속에서도 잊지 말아야 할 불자들의 삶의 자세가 있는 것이다.

그리하여 올바른 인식과 실천으로 연기법의 진리를 알아 일체의 고통과 불안을 벗어난 열반을 얻어야 할 것이다. 연기법의 진리를 알아 미혹과 망집을 타파하고 옳은 것을 세워 실천하면 열반의 원만하고 위없는 진리의 세계가 드러나는 것이다. 이때 중생에 대한 무한한 자비심이 열리게 되며, 고요하고 적정한 중도행은 이타행으로 이어진다. 내 마음자리가 깨끗한 곳에, 나와 너의 경계가 없는 곳에 있으며, 가까운 이웃에 대한 보살행이 바로 열반을 현실생활에서 실현하는 것이다.

부록

멘토에게 묻습니다
"이럴 땐 어떻게 하나요?"

부록

멘토에게 묻습니다
"이럴 땐 어떻게 하나요?"

1. 원력을 세우는 것도 일종의 욕심이 아닐까요?

　원력이란 보통 맹세를 말하며, 특히 자신과 이웃에게 복을 주는 것, 수행과 보살행에 적합한 덕목을 세우는 것입니다. 그리고 정진하는데 따라 자신의 능력이 그에 맞추어 계발됩니다. 그러므로 원력의 크기는 바로 그 사람의 능력의 정도입니다. 부지런히 수행정진한다면 자리와 이타의 원력은 클수록 좋은 것이며 결코 욕심이라고 부를 수 없습니다. 대체로 기도에 임할 때 처음에는 자신의 병 치유, 또는 가족의 안녕과 행복을 발원하게 됩니다. 초발심에서 당장 자신에게 필요한 부분을 찾는 것은 당연한 일입니다. 그러나 점점 수행이 깊어감에 따라 기도하는 사람의 마음에는 나의 행복만이 아니라 이웃과 사회, 국토에 그 시선이 가게 됩니다. 이전에는 불행하게만 보였던 나의 처지가 언제나 부처님의 광명에 감싸여 있다는 것을 알게 되고 또한 다른 모든 이웃에게도 부처님의 변함없는 감로의 비가 내려지고 있다는 것을 알게 됩니다. 더불어 아직 그러한 부처님의 은혜를 모르고 자신이 참생명의 주인임을 알지 못하는 이웃의 현상을 목격하게 됨에 따라 그 이웃의 자각을 위하여 자신의 원력을 쓰게 됩니다. 그때의 원력이란 내 이웃 모두에게서 여래의 무한공덕이 드러나도록 원을 세우고 실천하는 것입니다. 그러므로 보살의 원력은 이러한 수행의 깊이와 더불어 증진되는 것을 알 수 있습니다. 원력이 증진됨에 따라 이 국토 구석구석이 여래의 덕성으로 빛나게 되니 거기에는 미움과 갈등과 다툼과 투쟁이 있을 수 없습니다. 바로 영원불변의 평화낙원이 건설되는 것입니다. 바른 인생관과 바른 세계관을 가지고 각자에게 본래부터 갖추어져 있는 참생명인 불성이 드러나도록 일깨워주고자 하는 원력은 아무리 크다 하여도 중생계가 다함이 없으므로 끝이 없습니다.

2. 계를 못 지켜 부담이 되는데 어떻게 해야 하나요?

　예전에 어떤 비구니스님이 선정에 들어 숙명통으로 과거생을 살핀 일이 있었습니다. 그 스님은 자신이 과거에 불법수행을 열심히 닦아 금생에 출가승이 된 줄 알았는데 전생을 알고보니 놀랍게도 승단을 비방하며 출가승들을 괴롭힌 못된 악녀였습니다. 그러나 그렇게 불교를 비방한 인연이 금생에 비구니스님이 된 인연으로 바뀐 것이었습니다. 이 이야기는 우리에게 불법과의 인연이 소중함을 일깨워줍니다. 즉 불자가 계를 받으면 설사 계를 파하였다고 해도 계받은 공덕이 있으므로 계를 지킬 수 있는 능력을 갖게 됩니다. 파계하는 과보는 받더라도 참회하여 필경 해탈인연을 만난다는 것입니다. 계를 받지 아니하면 죄를 지어도 과보가 없는 것이 아니라 과보에서 벗어나기가 어렵습니다. 열 가지 계를 받아 그 중 한 가지만을 지켜도 수승하고 지키지 못한 죄도 오히려 해탈인연이 되는 것이니 계를 받은 공덕은 참으로 큰 것입니다. 또 계 지키는 데에 너무 부담을 갖지 말고 한 가지라도 지키도록 노력하십시오. 한 가지라도 성심껏 지켜나가려고 노력한다면 그것으로 다른 계도 자연스레 지켜지게 됩니다. 계를 받고 나서 범하는 죄는 해서는 안 된다는 규범의식이 있고 그것을 감히 침범한다는 점에서 고의성도 있고 해서 그 위에 대한 마땅한 책임을 져야 하지만 계를 받지 않고 범하는 죄는 아무런 거리낌없이 행동하므로 거기서 오는 반사회적 파괴성은 참으로 큰 것입니다. 이와 같이 볼 때 계를 받지 않고 범하는 허물이야말로 계를 받고 범하는 것보다 그 허물이 중대한 것입니다. 계를 못 지키는 데에 너무 부담을 갖지 말고 계를 받은 자체가 해탈에 이르는 지름길임을 알아 자신감을 갖고 계행을 지키려는 노력을 한다면 언젠가는 청정한 계행을 닦게 될 것입니다.

3. 세상만사가 꿈같다는데 과연 우리 현실은 허깨비인가요?

우리가 흔히 꿈을 꿀 때 꿈이 너무 확실하여 꿈인가 현실인가 착각할 때가 있습니다. 현실생활도 마찬가지입니다. 미혹한 번뇌로 마음의 평정을 잃었을 때 대부분의 중생은 진실에 대해 착각을 일으킵니다. 착각은 지혜의 빛을 가려 현상을 제대로 보지 못하게 합니다. 중생의 상황이 이러할 때 사회는 어지러워지고 중생들의 마음상태는 탐심, 진심 등의 악심이 강해지고 믿음의 마음은 약해지게 됩니다. 범부들이 집착하는 일체 모든 대상은 원래의 성품이 고요하고 공이며 무상인데, 번뇌에 가린 무지로 자성의 공성을 보지 못하니 실재한다고 믿게 되는 것입니다. 실재한다고 영원하다고 믿던 나의 존재와 바라다보는 대상이 변해갔을 때 고통의 미혹한 몽상에서 헤매게 되는 것입니다. 그래서 불교에서는 인식의 오류에서 오는 모든 그릇된 판단을 번뇌가 낳는 꿈이라 하여 미몽이라 표현합니다. 미몽에 대한 허망성을 경에서는 뱀과 새끼줄로 비유하고 있습니다. 길을 가다가 뱀을 보고 몹시 놀라고 보니 사실은 뱀이 아니라 새끼줄이었다는 유명한 비유가 있습니다. 세상을 부처님이 설하신 연기하는 실상으로 보지 못하고 그릇된 망상으로 판단한 것이 뱀의 모습이요, 망상에서 깨어나 판단한 것이 새끼줄인 것입니다. 그러나 새끼줄 또한 알고 보면 지푸라기를 꼰 것에 지나지 않으며 지푸라기 또한 더 원초적인 모습이 있는 것입니다. 이렇듯 우리 현실은 그 현상을 올바른 지견에 의해 판단하지 않으면 순간적으로 꿈과 같은 착각을 일으키게 되는 것입니다. 그러나 현실의 세계는 변함없이 우리 앞에 존재합니다. 다만 우리의 잘못된 인식과 판단이 존재하는 모든 사물을 꿈으로 착각하게 하는 것입니다. 올바른 지혜로 현상을 보면 세상만사는 모두 진실 된 원래의 모습으로 보이는 것입니다.

4. 모든 것에 실체가 없다면 이 세상은  어떻게 존재하나요?

석가모니부처님께서는 나고 늙고 병들고 죽는 고통을 보고 출가 하셨습니다. 그러나 인생의 생노병사나 일체 사물의 생멸의 법칙 속에 흐르는 또 하나의 새로운 창조성을 발견함으로써 정신의 절대평정을 찾으셨습니다. 이러한 절대평정의 교설은 삼법인(三法印)으로 대표됩니다. 모든 것은 무상하다는 제행무상(諸行無常)과 모든 것은 나의 존재가 아니라는 제법무아(諸法無我)와 열반은 고요하다는 열반적정(涅槃寂靜)이 바로 이것입니다. 만물의 구성요소라는 지수화풍 또한 지속적으로 변하지 않는 것은 아닙니다. 현대과학은 분자, 원자로까지 물질을 분리해냈지만 원자 또한 더 작은 물질로 분리해낼 수 있는 것입니다. 미립자 또한 더 분리되어 자성을 잃게 되면 진공상태가 된다고 합니다. 이렇게 우리 앞에 보여지는 모든 대상은 실체 같지만 그 안에 흐르는 법칙을 보면 자성이 없는 형상만이 있는 것입니다. 인간의 존재도 마찬가지입니다. 순수하게 내 것이라고 집착하는 나의 육신도 생·노·병·사를 거치면서 변해 가는 존재입니다. 이렇게 모든 것이 변하는 것이고 실체가 없다면 한편으로 우리는 세상을 살아갈 가치를 느끼지 못하게 됩니다. 그러나 불교는 여기서 결론을 내리지 않습니다. 모두 변하기에 인간과 사물의 무아와 무자성을 교설하지만, 무아와 무자성 속에는 아무것도 없으므로 오히려 새롭게 채울 수 있는 창조적인 실천이 나옵니다. 즉 공성을 넘어서서 행하는 실천은 인연의 일시적 합성인 무아와 무자성을 항상 변함없고 원만한 열반의 세계로 채울 수 있게 합니다. 그러므로 모든 것의 실체를 부정하는 무아와 무자성의 가르침은 인연에 따라 변화하는 만유의 본질을 깨닫게 하기 위한 교설이지 세상을 부정하는 말이 아닙니다.

5. 다른 사람에게 보시를 권하고 싶습니다.

 우리 몸의 일부가 곪았을 때 우리는 모든 정성을 쏟아 그 아픈 부위를 치료합니다. 그 부위 때문에 다른 신체부분이 불편하게 되어도 이를 원망하지 않습니다. 이것은 바로 그 아픈 부분이 나의 몸이라는 의식이 있기 때문입니다. 그러나 다른 사람의 아픔과 고통에 대하여 우리는 비정할 정도로 무관심하기도 합니다. 본래 너와 나의 생명은 부처님의 동일생명이며 동일한 법계 안에 존재하는 오직 한 마음뿐이지만, 이 사실을 모를 때 너와 나의 차별이 있게 되고 이웃의 고통이 자신과는 전연 관계없는 듯이 외면하게 되는 것입니다. 보시란 이와 같은 모든 중생계가 오직 한 마음뿐인 것을 아는 것에서부터 출발합니다. 그래서 내 신체의 아픈 부위를 치료하듯 어렵고 고통받는 사람을 돕게 되는 것입니다. 다른 사람에게 보시를 권하고 싶을 때는 이와 같이 온우주가 동일생명이라는 사실을 일깨워 그로 하여금 한량없는 자비의 마음이 일어나도록 하면 됩니다. 타인을 돕는 보시행은 가르치거나 배워서 얻는 것이 아니라 마음속에서 자비심을 일으켰을 때 자연스럽게 나타나는 것입니다. 보시행을 실천하도록 하는 것은 설득이나 권장해서 되는 일이라기보다 마음속에서 자발적으로 일어나야 합니다. 그러므로 보시행을 권하고 싶은 사람에게는 이쪽에서 먼저 법보시를 하여 부처님의 가르침을 알게 하면 됩니다. 보시를 권할 때에는 보시하는 사람이 먼저 그를 지혜의 길로 인도하고 부처님 법문을 전해주어야 하는 것입니다. 그 점을 고려하지 아니하고 편의대로만 남을 돕자고 했을 때, 때로는 보시의 권고를 받는 측에서 부담을 가져 보시를 하더라도 참된 도움이 되지 않는 경우도 있게 됩니다. 자발적으로 보시행을 할 수 있도록 법보시와 함께 자연스럽게 권해보기 바랍니다.

6. 가족들에게도 부처님의 가르침을 전하고 싶습니다.

　부처님의 가르침을 받아들여 생활하는 가정은 참으로 복된 가정입니다. 온가족이 다함께 기도하며 다함께 불심을 낸다면 그 가정에는 언제나 화합과 기쁨과 경사가 넘칠 것입니다. 그러나 아직 부처님의 가르침을 받아들이지 않은 가정에서는 먼저 전법하려고 하는 당사자가 전법의 마음가짐을 갖추어야 합니다. 전법의 마음가짐이란 첫째로 온가족의 행복을 기원하고, 둘째로 나의 정성을 기울여 끊임없이 기도하며, 셋째로 부처님의 가르침을 꼭 전하고야말겠다는 원력을 세우는 것입니다. 이러한 전법의 자세를 갖추고 나서 말보다는 행동으로 가족간의 화합에 힘쓰십시오. 그리하여 가족들의 마음에 불자의 생활방식을 느끼게 한 후에 가까운 사찰에 가족들과 함께 찾아가 자연스럽게 불교를 받아들이도록 하면서 부처님의 가르침에 대하여 거부감 없도록 이야기하면 될 것입니다. 가정에서 하는 전법은 결코 이론을 앞세워서는 안 됩니다. 밝고 따뜻하며 성실한 행동으로 가족들에게 친절히 대하며 가족 모두가 불보살님의 위신력을 받아 건강하고 행복하고 보람있는 뜻을 성취할 것을 끊임없이 기도한다면 부처님의 가르침을 받아들여 생활하는 가정이 이룩될 날은 멀지 않습니다. 전법은 말로만 하는 것이 아니라 일상생활 속의 마음가짐, 몸가짐 하나하나에 있습니다. 염불하고 감사하고 독경하는 불자의 기도는 소리없이 집안을 부처님 광명으로 채우게 합니다. 이러한 기도를 정해진 일과에 따라 끊임없이 해나간다면 설령 집안에 불교를 반대하는 사람이 있다고 하더라도 결국은 부처님 품안으로 돌아오고야 말 것입니다. 이리하여 복된 가정, 부처님의 광명이 넘치는 밝은 가정, 항상 감사와 기쁨 속에 사는 가정을 바로 수행하고 기도하며 전법하는 불자가 이룩해가는 것입니다.

7. 재가불자도 성불을 위해선 애욕과 음행을 자제해야 한다던데요?

우리 불자는 모두 보살입니다. 보살이란 바로 깨달음을 향하여 나아가는 수행자를 말합니다. 그러므로 불자는 부처님의 가르침대로 새롭게 인생과 환경을 개척해가는 사람입니다. 부처 이루기를 원을 세우고 부처님의 말씀을 통해 성불하는 길에 들어선 보살에게는 성불하기 위하여 청정한 계행의 준수가 필요합니다. 그 계행은 보살로 하여금 모든 괴로움에서 벗어나 안온하게 성불을 향하여 나아갈 수 있게 합니다. 재가불자가 지켜야 할 계행 가운데 불사음계(不邪淫戒)가 있습니다. 삿된 애욕과 음행을 경계하라는 의미입니다. 이 애욕과 음행은 그 근본이 탐욕에서 생깁니다. 탐욕의 근본은 또한 헛된 망상일 뿐입니다. 원래 있지 않은 헛된 망상이 온갖 괴로움을 만들어냅니다. 애욕과 음행이라는 헛된 집착을 버림으로 해서 괴로움을 벗어날 수 있는 것입니다. 그러나 그렇게 되면 세상에서 결혼이라든가, 출산이라고 하는 일마저도 애욕과 음행에 해당하느냐 하면 그렇지는 않습니다. 재가불자로서 애욕과 음행은 정상을 벗어난 과도한 욕망

251

과 외도를 말합니다. 그리고 재일(齋日)이나 기간을 정해서 하는 기도시에는 금욕하면 됩니다. 「법구경」에 "애욕의 강은 어디에나 흐르고 덩쿨은 싹을 내어 우거진다. 그 덩쿨이 나는 것을 보거든 지혜로써 그 뿌리를 끊어라, 나무뿌리가 상하지 않고 견고하면 나무는 잘려도 또 자란다. 이처럼 애욕의 미혹을 끊지 않으면 되풀이해서 고통이 생긴다"고 하였습니다. 우리가 갖고 있는 근본망념 가운데 애욕의 뿌리는 깊고도 깊습니다. 이 깊은 뿌리를 잘라내지 않는 한 애욕으로 인한 고통은 끊임없이 발생하여 자신과 주위 사람들에게 슬픔의 그림자를 드리웁니다. 불자는 모름지기 청정행으로 이 애욕의 헛된 뿌리를 뽑아내야 하겠습니다.

8. 포교하고 싶지만 잘못된 법을 전할까 두렵습니다.

불교의 경전은 흔히들 팔만사천법문이라고 합니다. 방대한 가르침 가운데는 무척 어려운 뜻도 모를 말씀이 있어서 불자는 배우고 또 배워도 한이 없음을 느끼게 됩니다. 그리하여 자신이 자연 불교를 올바로 알고 있는가 의문을 가질 때가 많습니다. 언제나 부족한 점을 느끼고 힘써 배우려고 하나 아직 성불의 길은 멀고도 험한 것 같습니다. 그래서 만에 하나라도 내가 남에게 잘못된 법을 전하지나 않을까 하여 두려움을 갖는 것은 어찌 보면 당연합니다. 그러나 포교를 하겠다고 하는 불자의 마음에는 부처님의 가르침에 대한 깊은 믿음이 있습니다. 나와 남과 모두에게 밝은 가르침을 열어보이는 부처님에 대한 깊은 신뢰가 있습니다. 여기에서 옳게 이해하고 많이 안다는 것보다 더 중요한 믿음의 중요성이 드러납니다. 불자의 믿음은 부처님께서 정각을 이루셨으며 언제나 중생을 위하여 감로의 법를 내리신다는 사실을 확신하는 것입니다. 그리하여 우리 모두가 필경에는 성불할 사람이라는 사실도 알게 됩니다. 그렇다면 내가 남에게 잘못된 법을 전할까 하는 두려움은 부처님께서 우리를 밝은 길로 인도하신다는 엄연한 사실을 철저히 자각하지 못한데서 오는 것에 불과합니다. 믿음은 바로 깨달음에 상당합니다. 부처님께서는 나에게 지혜의 눈을 주시고 강철과도 같은 든든한 신념을 주십니다. 무엇보다도 굳은 믿음은 처음에 발심했을 때부터 보살행을 일으키어 부처님의 말씀을 전하여 이 세상 모든 사람이 불교에 귀의하도록 도움을 주고자 하는 것입니다. 흔들림 없고 변함없는 믿음으로 전법하는 일에 두려워하거나 주저하는 일이 없어야 하겠습니다. 자신감을 갖고 부처님 말씀인 경전에 근거하여 꾸준히 공부해나감과 아울러 열심히 법을 전하기 바랍니다.

9. 이교도인 친구를 불교로 인도하고 싶습니다.

부처님의 가르침을 따르라고 권하기 이전에 친구간의 우정을 더욱 두텁게 하기 바랍니다. 그리고 부처님께 기도하기를 이교도인 친구가 언젠가는 불교에 귀의하여 행복하고 보람있는 삶을 살도록 기원하십시오. 대화를 하거나 같이 있을 때에는 항상 친구의 입장이 되어 생각하고 친구에게 도움이 되고자 노력하시기 바랍니다. 어떤 사람이 자신과 다른 종교를 권할 때에는 대개 그 종교보다는 사람을 먼저 보기 마련입니다. 결국 종교라고 하는 것도 인간관계로부터 비롯되는 것인 만큼 항상 따뜻하며 의젓하고 믿음직스러우며 성실한 태도로 친절히 대한다면 그 친구의 불교에 대한 견해는 긍정적으로 바뀔 것입니다. 이미 종교를 갖고 있는 친구에게 이론적으로 어떠한 종교는 다른 종교보다 좋다는 식의 설명은 설득력이 없습니다. 틀림없이 그 친구도 반박을 하게 되어 원치 않는 언쟁이 될 가능성도 있습니다. 그보다는 불교의 넓은 포용력을 발휘하여 그 친구와 함께 서로의 종교모임에 번갈아 참가하도록 해서 친구가 자연스럽게 불교와 인연이 닿도록 하십시오. 친구는 필경 불교로 귀의할 사람인 것을 깊이 믿고 꾸준히 기도하고 전법한다면 이교도인 친구가 불자로서 새롭게 태어날 때가 곧 올 것입니다. 설령 친구의 고집이 완고하여 불법을 받아들이기를 거부하고 전법에 대하여 반감을 갖는다면 친구에게 직접적인 전법행을 삼가더라도 기도만은 끊임없이 하여야 합니다. 한 사람의 불자를 만드는 일은 모든 창조행위 가운데 가장 숭고한 것입니다. 스스로의 신앙을 완성할 뿐만 아니라 바로 이 국토를 불국토로 바꾸는 거룩한 보살행이어서 전법을 일컬어 세상의 온갖 번뇌를 쉬게 하는 최상의 묘약이라고도 하고 있는 것입니다.

10. 욕심을 없애고 싶지만 마음대로 되지 않습니다.

불교에서는 탐·진·치라고 하여 우리가 갖고 있는 근본적인 번뇌의 근원으로 세 가지를 들고 있습니다. 욕심과 성냄과 어리석음이란 모든 집착의 뿌리이며, 이 근본미혹을 제거하는 것이야말로 열반에 이르는 길입니다. 이 가운데 욕심은 크게 다섯 가지 종류가 있는데, 재물욕·성욕·식욕·명예욕·수면욕을 말합니다. 이 모두는 생명의 기본요건을 유지하는 면도 있으나 지나치면 자신과 남을 해치게 됩니다. 우리의 생명을 유지시키고자 하는 기본욕구가 지나쳐서 다른 사람에게 피해를 주는 경우가 있는데, 이는 욕심이 사람을 부린 경우가 됩니다. 그러므로 자신의 욕심을 잘 알아 다룰 줄 아는 것이 욕심을 다스리는 방법입니다. 그 방법은 일심으로 기도하고 수행하여 마음을 닦게 되면 자연히 지혜로써 비추어보게 되어 욕심이 조절됩니다. 지혜로 비추어진 바에 따라 많은 사람에게 이익을 줄 원대한 꿈을 가지고 기도와 수행을 열심히 한다면 큰 힘을 얻게 되며 반드시 성공합니다. 그러나 기도수행을 하면서 애써 욕심을 없애려고 하면 오히려 더욱 강해진 욕심을 보는 경우가 있습니다. 즉 욕심은 버리려고 애쓸수록 집착이 남게 됩니다. 그러므로 욕심을 조절 하고자 수행하는 사람은 욕심이라고 하는 경계에 집착하지 말고 욕망에 휩쓸리지도 말아 끊임없는 기도와 정진으로 그 마음을 바로 닦고 큰 소망을 세워간다면 자연히 욕심은 우리가 바라는 대로 조절되어 갈 것입니다. 그리하여 수행정진하여 나감에 따라 탐·진·치 삼독은 자연히 사라지고 편안하며 적정한 경지에 이르게 됩니다. 경에 말씀하시기를 "구하면 괴로움이 가득하고, 구함이 없으면 모두 즐거움뿐이라" 하였으니 욕심이 사라져 더 이상 구함이 없는 수행이야말로 참 수행이라 할 수 있습니다.

11. 노여움을 참기 힘든데 어떻게 다스려야 하나요?

억울하거나 답답하거나 괘씸하거나 기타 여러 가지 이유에서 노여움이 발생하고 그렇게 발생된 노여움은 대개 주변상황을 어렵게 이끌어갑니다. 그러므로 노여움이 생길 때에는 '무엇이 자신으로 하여금 이렇게 노엽게 하였는가' 먼저 생각해볼 필요가 있습니다. 그러나 대부분의 경우에는 노여움이 즉각적으로 일어나기에 생각해볼 여유가 없을 것입니다. 이럴 때 좋은 방법이 있습니다. 노여움이 나거든 숨을 크게 들이마시고 아랫배에 힘을 가득히 모으고 '나무석가모니불'이나 '나무아미타불'을 한번만 해보기 바랍니다. 즉 그 노여움의 발생을 한 순간 정도 늦추는 것입니다. 두번, 세번 하는 가운데 노여움은 차츰 가라앉고 냉정한 이성을 되찾게 됩니다. 그리하여 지금 당하고 있는 일이 비록 나쁜 일이라 하여도 거기에는 소중한 교훈과 향상에의 길잡이가 숨겨져 있음을 알게 됩니다. 나쁜 상황을 당하고 바로 노여움을 낸다고 하여 불평과 불만의 환경이 개선되는 데는 아무 도움이 되지 않습니다. 그러므로 일시적 감정을 버리고 잠시라도 기도하는 마음으로 돌아가서 '나무석가모니불'또는 그 외의 다른 염불이나 진언을 외우면 노여움이 가시고 원만한 해결책을 찾게 될 것입니다. 염불과 진언은 이것이 바로 부처의 마음을 내는 것이어서 어떤 충격적인 상황을 만나도 요동하지 않는 밝은 마음을 지키게 됩니다. 더욱 좋은 것은 평소에 수행을 열심히 하여 노여움을 가져오는 요건이 본래 없는 것이라 생각하여 미움도 노여움도 낼 것이 없다는 것을 굳게 믿는 것입니다. 그리고 매사에 항상 감사하는 습관을 들여서 간혹 내 마음에 거슬리는 일이 있다면 이는 나의 수행부족으로 일어난 것임을 깨닫고 그때마다 자기 수행, 자기 향상의 계기로 삼아 더욱 열심히 정진하기 바랍니다.

12. 나도 모르게 사악한 마음이 드는데 어떻게 해야하나요?

사악한 마음이 드는 것은 자신의 몸 가운데 어느 부분이 병들고 있다는 증거입니다. 더불어 약한 마음이 방황하고 있다는 것을 알 수 있습니다. 이럴 때 정진을 하면 마음이 평온하게 되고 감정이 순화되며 기쁘고 활발한 상태를 가져와 당연히 심신기능이 정상으로 돌아오게 됩니다. 우리는 부처님과 같은 공덕을 갖추었으면서도 그것을 모르고 망념에 끄달린 채 고통세계를 만들어왔습니다. 나도 모르게 사악한 생각으로 온세상을 어둡게 하고 말았습니다. 그러나 우리가 정진하게 되면 자기 생명의 진실한 진리인 부처님 공덕을 드러내게 되어 나의 생명이 원래로 부처님의 공덕세계임을 알게 됩니다. 그러므로 우리가 망념을 버리고 부처님을 믿고 일심으로 정진할 때 일체 악한 그림자는 사라지고 그 마음에는 밝음이 찾아들며 건강과 기쁨이 솟아나는 것입니다. 대자대비하신 부처님의 위신력이 우리에게 본래부터 있는 것을 정진을 통해서 보게 되고 발휘하게 되는 것입니다. 정진이 이런 것임을 알 때 사악한 마음은 오로지 일심정진을 통해서 정화될 수 있습니다. 정진하는 사람은 순수한 자비심으로 정진하여야 할 것입니다. 부처님의 대자대비를 생각하고 그 은혜로운 위신력이 자기에게 부어지고 있는 것을 생각하고 부처님께 감사하는 마음으로 정진해야 합니다. 감사하는 마음, 자비로운 마음, 기도하는 마음에 사악한 생각이 일어날 리 없습니다. 망념이란 원래부터가 없는 것임을 안다면 그동안 의식 속에 뿌리깊이 박혀 있었던 사악한 마음의 그림자는 봄철 눈 녹듯이 사라지고말 것입니다. 경전에는 부처님의 명호를 일심으로 외우거나 경전을 독송하거나 진언을 외우면 일체의 삿된 망념이 없어지고 밝은 지혜가 생겨난다고 한결같이 설하고 있습니다.

13. 왜 여자신자를 보살이라고 부르나요?

보살은 깨달음의 경지를 이루기 위해 자신의 수행과 함께 끊임없이 중생제도하기를 서원하는 자를 말합니다. 대승불교에서는 깨달음을 목표로 하는 보살행을 여러 보살의 활약상으로 표현합니다. 즉 크나큰 자비를 중생을 위해 행하는 관세음보살, 바다와 같은 지혜를 중생을 위해 행하는 문수보살, 큰 실천행을 중생을 위해 행하는 보현보살, 지옥중생까지 모두 제도하기 위해 큰 원을 세운 지장보살 등의 여러 대승 보살들은 중생이 있는 모든 곳에 중생과 함께 합니다. 우리나라에서는 이런 보살이란 호칭을 여자신자에게 붙이고 있습니다. 불교가 대중화되면서 대승의 보살사상이 불교신자의 가장 큰 덕목이 되면서 호칭으로까지 발전한 것입니다. 그러나 여성불자에게 보살이라는 호칭이 붙게 된 것은 한국불교에서만 볼 수 있는 특징입니다. 원래 사부대중이라 했을 때 비구스님, 비구니스님과 함께 재가불자 중 남성일 때 우바새, 여성일 때 우바이라고 합니다. 여성불자를 경전에서는 청신녀(淸信女)로 자주 표현하고 근사녀, 근선녀, 근숙녀, 신녀라고도 표현합니다. 특히 반야계통의 대승경전에서는 남녀의 재가불자가 선남자 선여인으로 자주 호칭되는 것이 발견됩니다. 그러나 재가와 남녀 불자의 정확한 호칭은 우바새 우바이라고 하는 표현입니다. 우리나라에서 여자신자에게 정확한 유래는 알 수 없지만 표현되는 보살이란 호칭을 붙이는 것은 불교가 대중화되고 여성불자가 늘어나고 보살계를 받는 여성불자의 수가 많아지면서 사용된 것 같습니다. 우리가 여성불자를 보살로 호칭할 때는 서로 보살이 되길 바라는 간절한 마음의 발로라고 보아야 할 것이며 서로가 보살행을 이루어야 할 보살임을 각성시키는 의미라고 보아야 할 것입니다.

14. 절에 나가지 않고도 신행 생활이 가능할까요?

불자들이 절에 다니는 이유는 부처님과 부처님의 말씀과 그 말씀을 전해주는 스승이 계시기 때문입니다.

그러나 밝은 눈으로 보면 산하대지 어디에나 부처님께서 안계신 곳은 없으며 나에게 다가오는 모든 분들이 부처님 아닌 분이 없어 모두가 나를 피안의 세계로 인도하는 역할을 하십니다. 단지 나의 눈이 어두워 그 가르침을 잘못 이해하기에 혹은 나에게 해를 끼치는 듯이 보이고 나를 시기하는 듯하기도 하며 관심 없는 태도를 보이기도 합니다.

이 모든 가르침은 되새겨보면 나의 정진과 인욕과 널리 베푸는 보시, 청정한 행위인 지계, 그리고 밝은 지혜를 계발시켜주기 위한 방편임을 알게 됩니다. 부처님의 법을 바로 배우고자 할 때에는 그 가르침이 오래된 경전 속에서만 나오는 것이 아니라 살아있는 모든 부처님의 형상에서 흘러나오며 그 형상은 다름아닌 바로 나의 가족과 이웃, 직장의 동료, 그리고 이 사회의 모든 분들인 것입니다. 그러므로 절에 꼭 나갈 수 없는 상황에서도 불자들은 신행생활을 할 수 있습니다. 다만 다음의 세 가지를 꼭 지키기 바랍니다.

첫째, 평소에 항상 불자라는 자각을 하기 바랍니다. 나의 말과 나의 행동, 그리고 나의 마음이 바로 부처님의 말과 행동과 마음임을 알고 어떠한 일을 당하더라도 이런 일을 부처님께서 당하신다면 어떻게 하실까'라고 자신에게 되물어보고 그와 같이 행동하십시오.

둘째, 매일의 수행일과를 정해놓고 지키기 바랍니다. 정근, 독경, 염불 등의 기도일과를 정해진 시간에 하기 바랍니다.

셋째, 가끔씩 가까운 절이나 포교당에 가서 그동안의 정진과 수행에 대하여 스님이나 법사님께 상담을 하기 바랍니다. 그리고 그동안의 여러 잘못을 참회할 기도도 함께 한다면 절에 나가지 않고도 신행생활이 가능할 것입니다.

15. 여러 절에 다니고 있는데 상관없을까요?

불자들 가운데는 성지순례라고 하여 전국의 명산대찰을 찾아다니며 기도와 여행을 겸하고 있는 사람이 많이 있습니다. 이분들에게는 찾아가는 절마다 갖고 있는 특색이 신행활동에 큰 도움이 되고 있습니다.

그렇지만 평소에 정기적으로 일정한 절을 찾는 것이 아니라 이 절, 저 절을 마구 다니다보면 각 절마다 종파가 다르고 법문의 내용이 다르고 수행방법이나 기도방법이 달라 문제가 됩니다. 특히 초심자의 입장에서는 여러 절에 자주 옮겨다니는 것보다 한 절에서 일정한 법사의 정기적인 설법을 듣고 이를 축척해나가는 것이 수행과 불교교리 습득에 큰 도움이 될 것입니다. 예를 들면 이 곳, 저 곳의 샘물에서 물을 길어 먹는 것보다는 하나의 좋은 샘물에서 꾸준히 맑은 물을 길어 마시는 것이 소화에도 지장이 없고 건강에도 좋은 것과 같습니다. 다니는 여러 절이 비록 한 종파의 절이라도 그 절의 스님에 따라 가르치는 바가 조금씩 다를 것이니 다니는 절을 한 곳으로 고정하고 가르침을 오랫동안 받아들여 자기 것으로 만들어나가기를 권해드립니다. 그렇게 해서 자신도 모르는 사이에 오랫동안 훈습된 가르침은 어느덧 자신의 심층의 식에 자리잡고 생활하는 가운데 자연스레 드러나게 됩니다. 그리하여 참다운 가르침이 몸에 배이게 되면 불자로서 부처님의 가르침에 맞는 삶을 누리게 되는 것입니다.

부처님의 가르침과 나의 생활을 억지로 꿰어맞추는 것보다 이처럼 저절로 몸에 밴 보살의 행동을 나타내는 것이 바람직합니다. 그러기 위해서라도 진실하게 수행하는 불자들이 있는 가까운 절에 고정적으로 다녀서 기도와 수행을 일심정성으로 다할 때 그 기도는 결코 허망하지 않을 것이며 기도의 성취도 빠르게 나타나는 것입니다.

16. 오랫동안 다니던 절을 옮기면 안된다는데요?

우리가 불법을 만나 생활하는 데는 다니는 절을 일정하게 정해놓고 정기적인 법회에 참여하며 신행활동을 하는 것이 일반적인 예입니다. 그리하여 신행활동이 계속되면서 오랫동안 다니는 절이 있게 되는데, 특별한 사유가 생겨서 다니던 절을 다른 곳으로 옮길 경우가 있습니다. 이사를 간다든가 하는 것이 대표적인 이유가 되겠습니다. 이주하는 지역이 먼 지방이면 오랫동안 다니던 절을 다시 다닐 수는 없겠지요. 이주하는 지역이 비교적 가까운 곳이면 대부분의 불자님들은 교통시간이 비록 더 걸리더라도 예전에 다니던 절에 다니는 것이 상례입니다.

그러나 이러한 이유 외에 절에 대해서 싫증이 난다든가, 절의 스님이 싫다든가 하는 등의 사소한 이유 때문에 절을 옮겨서는 안됩니다. 기왕에 다니던 절을 옮기고자 할 때에는 옮기는 이유가 타당한 것인가 곰곰히 따져보고 판단하기 바랍니다. 물론 어느 절이나 부처님을 모시는 것은 매한가지이고 보면 절을 옮기는데에 중요성을 두지 않을 수도 있으나 배우고 수행하는 입장에서는 일관된 법문과 교리와 수행체계로 지속적인 정진을 하는 것이 바람직합니다. 지금까지 다니던 절에는 이미 익숙해져서 모든 기도나 수행을 원만하게 하는 법을 잘 알고 있을테지만 새로 옮기는 절에서는 또다시 적응하는데 시간이 걸리게 됩니다.

　기도의 측면에서 보았을 때에도 한 군데에서 오래 정진하는 것이 기도의 감응이 다르게 나타납니다. 절이라면 다 마찬가지가 아니겠느냐 하는 불자도 있겠지만 오랫동안 수행한 절에는 그동안의 기도의 힘이 잘 조화되어 있으므로 기도가 빨리 성취되는 것입니다. 더불어 여러 법우들과 함께 하는 기도라면 더욱 오래 다닌 절이어야 하며 많은 좋은 법우를 알고 있는 곳이 적당하다 하겠습니다.

17. 가정에서 불상을 모시고 싶은데 어떻게 해야하나요?

우리들이 불상을 모시는 것은 일찌기 우주와 인생을 관철하는 최고의 진리를 깨닫고 참으로 완성된 삶을 성취하신 부처님의 형상을 눈앞에 모시고 예경함으로써 그분의 높으신 덕과 위대한 성품을 기린다는 의미를 지니고 있습니다. 물론 불상이 아니더라도 부처님의 대자대비하신 정신을 되새기지 못할 바는 아닙니다만, 항상 올바른 가르침은 쉽게 잊어버리고 삿된 유혹에 빠지기를 잘하는 우리 중생들로서는 시각적으로 원만하고도 자재하신 부처님의 눈부신 형상을 가까이 모심으로써 우리 자신도 부처님을 본받아 부처님처럼 올바른 삶을 살아가겠다는 서원을 지니고 매진하는데 많은 도움을 받게됩니다.

그러므로 가정에서 불상을 모신다 할지라도 특별한 격식이나 그 어떤 의례같은 것이 필요한 것은 아닙니다. 왕왕 사찰에서는 처음 불상을 모실 때 점안식 혹은 봉불식이라 하여 부처님의 형상에 생명력을 부여한다는 특별한 법요를 행하기도 하지만, 사실상 그와 같은 의례를 통해 불상에 그 어떤 신비적인 힘이 담겨지는 것도 아니고 그렇게 의례를 거친 불상만이 우리들의 신행생활에 도움을 주는 것도 아닙니다.

다만 사찰에서 모시는 불상은 주로 여러 신자들의 합심에 의해 조성되게 된 것이고, 따라서 그동안 수고한 많은 사람들의 노고를 서로 치하하며 불상의 완성을 기념하는 의미가 깊은 것입니다. 그런데 여기서 한 가지 명심해야 할 것은 그렇다고 해서 가정에 불상을 모신다는 것이 일종의 장식품을 들여놓는 것과 동일하지는 않다는 사실입니다.

가정에서 불상을 모신다면 더불어 불상을 모신 가족들의 마음 속에 부처님을 우러르는 신심이 담겨 있어야 할 것이고 불상에 대한 꾸준한 예경을 통한 올바른 신행의 서원이 살아 있어야 할 것입니다.

18. 불상을 새긴 목걸이나 염주 등은 어떻게 착용하나요?

염주는 불·보살님께 예경할 때 손에 쥐기도 하고 염불할 때나 진언을 외울 때 그 수를 헤아리기 위하여 돌리는 수행의 도구입니다. 염주에는 일반적으로 108염주, 천주가 가장 많이 쓰이는데 기도할 때에 염주 하나를 굴리면 동시에 하나의 번뇌가 끊어진다는 의미를 갖게 됩니다. 그래서 불자는 기도나 염불 등을 할 때 하나씩 염주를 굴리며 수행을 하는 것입니다. 그러던 것이 손목에 차면 알맞게끔 작은 단주가 나와서 많은 불자들이 손목에 염주를 차고 다니게 되었으며 그밖에 부처님 상호를 새긴 목걸이나 옴마니반메훔의 진언을 새긴 반지 등 여러 가지 종류의 장신구가 생겨났습니다. 심지어는 자동차의 백미러에 매다는 불상을 새긴 장식품까지 생겨나서 이를 걸고 다니는 운전자들도 많습니다. 어떤 것이든 부처님을 항상 가까이 모시고 부처님의 은혜와 가피를 얻고자 하는 신심의 발로인 것만은 분명합니다. 그리고 불자라면 불상을 새긴 목걸이나 염주 등을 다른 장신구처럼 가볍게 취급하지도 않을 것입니다.

그러나 엄격히 말해서 작게 만들어서 목에 걸고 다니더라도 불상은 예배의 대상이며, 손목에 차고 다녀도 염주는 수행의 도구입니다. 불자들의 성불을 도와주는 수행을 위한 방편들인 것입니다. 부처님께서는 본래 심지어 털구멍 속의 중생세계라도 안계신 곳이 없지만 이 사실을 깨우치지 못한 중생들은 항상 불안해하고 두려워합니다. 불자는 작은 불상을 새긴 목걸이나 염주 등을 지님으로써 일종의 의지로 삼고 있습니다만, 기왕에 지닐 때는 부처님의 광명이 언제나 나와 함께 하고 있다는 굳은 믿음을 가지기 바랍니다. 이를 몸에 지닐 때에는 특별히 지정된 법칙은 없습니다. 신성시해서 떠받들 필요까지는 없더라도 항상 경건한 마음으로 지니면 될 것입니다.

19. 스님에게 불심이라는 액자를 받았는데 어떻게 모셔야 하나요?

불심(佛心)이라고 쓰여진 글자에 부처 불(佛)자가 들어갔다고 하여 특별히 모시는 방법이 따로 있는 것은 아닙니다. 불·법·승 삼보 가운데 부처님의 명칭이 담겨 있고 이를 스님에게서 받았다고 하는데 의미를 둘 수도 있으나 단지 소중히 간직하면 될 것입니다. 불심 즉, 부처님의 마음은 부처님께서 우리에게 가르침을 열어보이시는 자비의 마음이기도 하지만, 우리의 본성으로서 스스로 깨달음을 열어가며 다른 사람을 위해서 부처님의 말씀을 전하겠다고 하는 나의 발심을 뜻하기도 합니다.

우리가 부처님의 가르침을 따르고 그 가르침대로 행하며 널리 이웃에게도 그와 같은 부처님의 가르침을 전하여 다함께 성불하도록 노력하는 것이 바로 불심입니다. 그렇다고 하면 불심이 되도록 노력하는 데 그 가치가 있는 것이지 불심이라는 글자를 적은 액자에 무슨 신령한 힘이 있을 리는 없을 것입니다. 방안에 불심이라는 액자를 걸어놓고 매일 이를 보면서 하루하루의 정진 즉, 부처의 마음을 스스로 내는 것을 확인해본다면 아주 훌륭한 수행이 될 것입니다.

여러 경전에 말씀하신 부처님의 가르침은 바로 우리의 진면목이 그대로 불성이며 진여실상임을 밝히신 것입니다. 동시에 이 경전을 널리 유포하라고 하신 말씀은 모든 불법을 따라 수행하는 자에게 해당되는 말입니다. 그러므로 부처님의 가르침을 바로 배우고 힘써 행하며 널리 권하여 이 땅에 하루속히 불국정토가 구현되도록 애쓰는 불심을 낸다면 불심이라는 액자를 받은 보람이 더할 것입니다. 집안에 따로 불상을 모시지 않았으면 불심이라는 액자를 향하여 기도일과를 수행하는 것도 좋은 방법입니다. 액자를 보관하는 입장에서는 이 액자가 습기나 먼지 등으로 해서 더럽혀지지 않도록 잘 보관하면 됩니다.

20. 관절염 수술을 받은 후 절하기가 불편한데 절을 어떻게 하지요?

우리가 불상을 향해 절을 하는 것은 부처님의 거룩하신 가르침에 귀의하고 그 가르침을 받들어 생활하겠노라는 의지의 표현입니다. 더불어 지극히 겸손한 마음으로 시방세계 일체의 중생에게 그와 같은 예경을 베풀어 언제나 공경하는 마음으로 나와 타인의 성불을 발원하는 것입니다. 그러나 관절염 수술이나 기타 이와 비슷한 이유로 인하여 절을 하지 못할 때에는 앉은 채 지극한 정성으로 반배를 하기 바랍니다. 비록 절을 하지 못한다 하여도 정성스런 마음은 절을 한 것과 마찬가지입니다. 참고로 절에 대하여 알아보면 오체투지는 나의 모든 고집스런 마음, 사악한 마음, 탐욕스런 마음 등을 모두 땅바닥에 내던지고 철저한 하심(下心) 즉, 겸손한 마음으로 부처님과 이웃과 살아있는 모든 생명체에게 공경하는 마음을 내고자 하는 실천의 시작입니다. 그러므로 반배를 하더라도 이러한 마음을 내어 실천하겠다고 하는 의지를 다짐하면 오체투지의 공덕과 다를 바가 없습니다. 관절염으로 인하여 오래 앉아 있는 것도 불편할 때에는 누워서라도 그 마음을 내기 바랍니다. 그렇지만 자세가 흐트러진다고 하여서 마음마저 흐트러져서는 안됩니다. 원래 수행 가운데에 마음과 자세와 호흡의 세 가지는 언제나 일치합니다. 마음이 통일되면 올바른 자세와 호흡이 나오고 올바른 자세에서는 마음이 통일되며 호흡이 자연스럽습니다. 호흡이 잘 될 때에는 자세와 마음이 통일됩니다. 그러나 절하기 어려운 상황에서는 편히 앉아서 호흡에 정신을 통일하고 마음속으로 부처님께 무수한 절을 하기 바랍니다. 그러한 가운데 자연 마음이 안정되면 관절염으로 아프다는 사실도 잊게 되며 아픔을 잊을 때 관절염 수술로 불편했던 다리가 자신도 모르게 빨리 정상으로 돌아올 수도 있습니다.

21. 시각장애자인데 절에 가서 부처님 형상을 만져도 되나요?

부처님께서 언젠가 천상세계의 중생들에게 법을 설하시기 위하여 얼마동안 사바세계에 돌아오지 않으신 적이 있었습니다. 그때 어떤 왕이 부처님을 뵙지 못함을 애통해하다가 부처님의 모습을 본떠 나무로 부처님상을 만들었다는 이야기가 있습니다만, 오늘날 세계 각지의 사찰에서는 부처의 형상을 본뜬 불상이 모셔져서 스님과 신도들은 이 불상을 향하여 기도를 하고 예불을 올립니다. 이와 같이 법당에 모셔진 불상은 불자들의 신심을 일으키기 위하여 부처님의 형상을 본떠 만든 상징입니다. 보지 못하기에 만져서라도 거룩한 신심을 낸다면 그렇게 해도 무방합니다. 그렇지만 「금강경」에 나오는 다음 게송을 꼭 생각하시기 바랍니다.

"만약 형상으로 나를 보려거나 음성으로 나를 찾으려 하면 이 사람은 사도를 행함이라 여래는 보지 못하리라."

즉 부처님의 형상은 우리의 육안으로 보거나 귀로 분별할 수 있는 대상이 아닙니다. 부처님은 범부인 우리 인간의 인식과 생각을 초월하여 우주에 두루 가득 차 계십니다. 불상이란 단지 중생들을 제도하기 위한 방편적 상징임을 아시고 형상에 얽매이지 않는 지혜의 눈으로 부처님을 보시기 바랍니다. 육신의 눈 대신에 지혜의 눈으로 부처님을 보신 분 가운데 부처님의 제자 아나율이 있습니다. 그는 부처님께서 설법하실 때 꾸벅꾸벅 졸다가 부처님께 호된 꾸지람을 받았습니다. 그때부터 아나율은 잠자지 않고 수행하여 눈을 멀게 되었습니다만, 열심히 정진하여 보통사람은 얻을 수가 없는 천안을 얻었다고 합니다. 이 천안이란 바로 부처님을 형상에 얽매이지 않고 볼 수 있는 내 마음의 눈입니다. 이 마음의 눈으로 볼 때 부처님은 바로 본래부터 갖추어져 있는 내 마음의 모습임을 알게 될 것입니다.

22. 직업상 살생을 하지 않으면 안되는 경우가 많습니다.

불교에서는 모든 대중에게 신자가 되는 조건으로 오계라는 꼭 지켜야 할 실천덕목을 제시하고 있습니다. 그중에서도 가장 중요한 계가 불살생(不殺生)입니다. 불살생계는 사람에게만 적용되는 것이 아니라 생명을 지닌 모든 생물체에 적용되고 있습니다. 그러나 사회가 발전하고 경제생활이 복잡해지고 직업이 분화되면서 도살업같은 직업적으로 특수한 영역이 생기게 되었습니다. 뿐만 아니라 미물의 살생은 도처에서 일어나 식상화된 느낌마저 줍니다. 불교의 내용이 살생을 금지한다고 하여도 세속적 생활을 하면서 꿈틀거리는 벌레 하나 죽이지 않고 살긴 힘듭니다.

그러나 자신이 불자이길 원하고 불자로서 통일된 마음과 태도를 일관하고자 한다면 무엇보다 계를 지키고자 하는 마음이 선행되어야 합니다. 계를 지키는 마음은 인위적으로 해서는 한계가 있습니다. 모든 생명을 지닌 생명체는 세세생생 살면서 나와 같은 생명을 받을 수 있다고 생각하면 우리는 어름모를 풀 한포기에서도 생명의 원기를 느낄 수 있습니다.

계를 지키는 것은 세상의 진리를 생활에 실천하는 것입니다. 부처님의 교설은 생명을 지닌 그 어느 것 하나에도 소홀하지 않으셨습니다.

그러나 복잡한 경제생활의 도구로서 살생하는 일을 직업으로 갖게 되었다면 살생시 대상의 성불을 기원하는 것을 잊지 말아야 하겠습니다. 일체생류에게는 부처님과 같은 불성의 뿌리가 있으므로 업에 따라 한갓 미물의 몸을 지니고 있다 해도 그 깊은 곳에는 부처님의 자비심이 자리하고 있기 때문입니다. 모든 사람이 만물의 조화를 불성으로 바라볼 때 살생을 전문으로 하는 직업 자체가 없어질 것입니다. 다만 직업상이라 할지라도 살생을 하는 일이 마음에 계속 앙금을 남긴다면 일단 직업을 바꾸는 것도 좋을 것입니다.

23. 요즘 세상 착하게만 살면 손해를 본다는데요?

　현대생활은 물질문명이 발달했다고 하지만 정신세계가 발맞춰 발달한 것은 아닙니다. 정신세계가 발달하고 풍요롭게 되는 것은 인간의 마음상태를 기준으로 본래 선한 마음을 찾는 것입니다. 선한 마음이란 무지를 벗어난 청정심이 상대방에게 자연스럽게 이입되어 경계가 없는 상태를 가리킵니다. 그러나 요즘은 복잡한 경제생활이 물질적인 토대만을 세워 물질과 물질을 환원할 수 있는 돈이 최고의 가치라고 보는 경향이 짙습니다. 물질은 정신적 기반에서 형성된 것이고 정신작용도 물질을 의지해야 생활 자체가 조화롭게 균형이 잡힙니다. 이런 관점에서 보면 마음의 보시는 물질의 보시와도 통하며 물질의 보시는 마음의 보시를 동반해야 선행이라 볼 수 있는 것입니다. 불교적 입장에서 선하게 산다는 것은 지혜롭게 무상보시를 베풀되 베풀었다는 마음조차 잊는 일여평등한 마음을 지니는 것입니다. 이러한 일여평등한 마음에서는 손해라는 용어조차 성립하지 않습니다. 준 만큼 받지 못하면 손해라고 무지한 범부들은 생각하지만, 손해 그 자체가 이익이 될 수도 있습니다. 진여인 일심에서 자연스럽게 선행을 하고 선행을 했다는 생각도 없는데 어떻게 손해라는 감정이 들겠습니까. 이런 선행에는 옳은 도리를 다하고 행한 일에 대해 갈등이 없으므로 마음속에 위없는 보리심이 자리하게 됩니다. 사회가 혼탁해질수록 만연된 이기심은 그것을 반성하기보다 오히려 이기심이 없는 상대를 바보로 만듭니다. 이럴 때일수록 부처님의 근본정신을 상기해야 합니다. 선한 마음을 갖는 것은 나부터 실천하고 이웃과 함께 한다면 청정한 마음은 빛이 있으므로 이웃에 환하게 비출 것입니다. 선행은 항상 일여한 마음을 의지하므로 손해라는 갈등을 빚지 않습니다.

24. 보증 서주기를 거절하고나서 마음이 아픕니다.

　현대는 산업사회이므로 경제활동의 원활한 소통과 편리를 위한 각종 경제제도가 생겨나게 됩니다. 그러나 목적과 수단이 전도되듯 제도 자체가 우리의 생활 자체를 흔들고 가끔은 질곡에 빠지게도 합니다. 예를 들어 보증제도는 어떤 한 개인의 신분이나 재산능력을 대신하여 책임성을 지니고 보증하는 것이지만, 상호 믿음이 깨지거나 피보증인의 경제파탄으로 인해 보증인은 엄청난 피해를 받게 되는 경우가 있습니다. 이윤을 추구하고 이윤을 함께 한다는 경제원칙 하에서는 보증제도뿐 아니라 여타의 많은 경제제도도 필요합니다. 그러나 지나친 사업확대나 개인적인 영리를 위한 상대방의 도움은 바람직하지 못합니다. 석가모니부처님께서는 2500년 전에 이미 경제적 활동을 인정하셨습니다. 그러나 경제활동 자체를 공익으로 보았기 때문에 상인계급이 불교와 매우 밀접할 수 있었던 것입니다. 우리는 흔히 경제목적의 수단인 각종 제도나 구조, 장치라는 메커니즘에 빠져 가장 중요한 목적을 잃습니다.

이미 예를 든 보증제도는 그것이 왜 필요한가, 제도가 지닌 목적이 무엇인가 확실히 알 필요가 있겠습니다. 상대방을 믿고 상대방이 하는 일이 옳고 정확하다면 적극 도와주는 것이 바람직하겠지만, 상대방이 하는 일에 대해 정확히 모르고 옳지 못하다고 판단되면 어떠한 친분이라도 위험한 일은 하지 않는 것이 좋은 방법입니다. 간혹 가까운 친분관계에서 상대가 하는 일에 판단이 서지 않아 도와주지 못해 마음이 아플 경우에는 서원을 세워 기도해주는 것도 좋은 방법입니다. 상대방의 일에 대해 기원해준다면 본인의 마음은 평화를 찾을 수 있을 것입니다. 그리고 어떠한 일이라도 결정해야 할 사안이 목전에 닥치면 그 일에 대해 정확히 판단하는 지혜가 중요하겠습니다.

25. 돈을 빌려주었는데 인연에 따라 마냥 기다려야만 하나요?

우리들이 만나는 복잡한 환경과 관계들은 미혹한 범부들이 이미 과거에 지은 업연(業緣)의 결과입니다. 그러나 이러한 업연의 결과도 인식과 인식대상의 관계를 통일시키고 통일시킨 관계를 실천하면 창조적으로 바꿀 수 있습니다. 인과나 인연은 남이 만들어준 것이 아닌 스스로가 만든 것이기 때문에 그 결과 또한 스스로 바꿀 수 있는 것입니다. 즉 앞으로 취하는 행동과 마음을 바로 지금 정확히 인식하여 지혜롭게 판단하면 앞에 펼쳐질 길은 환하게 보이기 때문입니다. 이러한 길을 불교에서는 해탈의 길이라고 합니다. 인과의 속박이나 인연의 괴로움을 느끼는 것은 현실의 상황은 고정적이거나 또는 피할 수 없는 것이라 바라보고 무기력할 때 오는 것입니다. 인연에 순응하지 말고 지혜롭게 바라보면 오히려 무한한 해결책이 나옵니다. 이러한 원칙은 우리의 생활 어디에나 적용됩니다.

간혹 돈을 빌려주고 받는 경우에도 인연의 창조적 논리는 적용됩니다. 필요에 의해 돈을 꿔주고 상대가 돈을 빨리 안

갚는다고 해서 계속 초조해하고 상대를 미워한다면 그 미움은 돈을 떠나 마음이라는 인식의 저장소에까지 영향을 줍니다. 인식의 저장소는 미워했다는 사실을 정확히 기록하므로 그에 상당한 과보는 스스로 받게 됩니다. 그러나 상대가 빚을 빨리 못갚는다 해도 그 원인을 살피고 솔직한 대화로 문제를 해결하면 두 사람의 관계는 이전보다 훨씬 돈독해지고 돈을 떠나 마음의 안정을 찾게 됩니다. 인연은 오는 대로 그냥 기다리는 것이 아닙니다. 인연은 이미 지어놓은 원인에 대해 타당한 관계로 오는 것이며 새로운 인연을 낳는 또 하나의 토대가 됩니다. 과거보다 미래를 바람직하게 맞이하겠다는 생각을 가진 불자라면 지금 이 순간의 인연을 악인선과로 만드는 지혜를 발휘하여야 할 것입니다.

26. 오늘날에도 사회정의가 승리한다고 믿을 수 있을까요?

사회정치의 승리를 판단하기 전에 사회정의에 대한 올바른 규정이 선행해야 합니다. 불교적 입장에서 사회의 정의란 불국토를 이룩하는 것입니다. 이 국토에 태어나는 모든 중생이 무애자재하고 대비 원만한 마음을 지니면 바로 정토세계는 이룩되는 것입니다. 그러나 아무리 둘러보아도 우리 사회는 사바세계인 예토의 모습을 그대로 지니고 있어 불국토의 실현은 불가능해 보일지 모릅니다. 그러나 우리 곁에는 위대한 선각자이신 부처님께서 항상 함께 계십니다. 석가모니부처님께서는 룸비니동산에서 태어나서 쿠시나라에서 열반에 드신 것이 사실입니다. 그러나 그분의 가르침과 법은 영원히 살아움직이기에 대자대비한 그분의 위신력은 항상 빛을 발합니다. 현실이 아무리 혼탁하여도 부처님께서는 세간의 모든 고난받는 곳에 나타나서 성불상을 보이십니다. 그러므로 천백억의 화신은 중생을 교화하고 국토의 청정을 위해 광명으로 세계를 비추는 것입니다. 부처님께서 국토를 성스러운 지혜로 이끄시는 한 언젠가는 이 땅의 모든 갈등과 투쟁이 사라지고 사회의 정의가 실현될 날이 반드시 올 것입니다. 불자로서 우리는 부처님의 위신력을 믿고 가르침을 올바로 배우고 실천하는 길만이 정의사회 건설에 빠른 행보가 될 것입니다. 우리의 본성은 부처님의 불성과 지혜를 깨달을 수 있기에 미래의 셀 수 없을 만큼의 부처님의 출현은 가능한 것입니다. 작금의 현실을 바라볼 때 미혹한 세계가 펼쳐지면서 끊이지 않는 사회악을 낳고 있어 사회의 정의실현은 힘들게 보일지 모릅니다. 그러나 미혹한 세계일수록 부처님의 가르침은 더욱 빛나는 것입니다. 나부터 정법을 믿고 따르며 그 실천을 위해 노력한다면 사회정의의 실현은 먼 미래의 일이 아닙니다.

27. 불교에서는 결혼과 이혼을 어떻게 설명하고 있나요?

두 사람이 만나 결혼하여 부부가 된다는 사실은 참으로 큰 인연입니다. 오랜 겁 이전부터 맺어온 사이가 아니고서는 부부라는 인생의 가장 중요한 인연을 이루어낼 수 없을 것입니다. 이 인연은 부처님께서 맺어주신 인연이며 부처님의 자비위력으로 성숙될 서로의 인연인 것이므로 더할 나위없이 소중한 것입니다. 반면에 이혼이란 이러한 지중한 인연의 도리를 무시하고 부처님께서 맺어준 인연을 저버리는 처사가 됩니다. 물론 만남이 있으면 헤어짐이 있고 사랑할 때가 있으면 미워할 때가 있겠지만 부부라는 인연은 한평생을 같이 하고자 하는 굳은 서원으로 일시적인 감정을 초월해야 합니다. 설사 부모의 강권이나 다른 이유로 해서 억지로 결혼했다 하더라도 이미 주어진 인연이라는 사실에 긍정하고 성숙한 인내력으로 원만한 결실을 얻기 위하여 지속적으로 노력해야 합니다. 결혼의 행복이란 서로를 존중하고 아끼고 섬기는데서 가능한 것입니다. 그러므로 두 사람은 완전한 부부, 행복한 가정을 마음에 두고 끊임없이 기도하고 찬탄하여 원만한 결합의 길을 지속하여야 합니다. 한 가정의 행복은 바로 한 가정에 불국토를 건설함이며, 그 자녀의 불성을 자라나게 하는 밑거름이 됩니다. 만약 이혼한다면 당사자들과 어린 자녀들에게 돌이킬 수 없는 업보가 미치게 됨을 생각하십시오. 그러나 이미 이혼을 했다면 이혼의 상처로 너무 괴로워하지 말고 새 삶을 찾도록 노력하는 것도 중요합니다. 다만 이미 행해진 행위라도 그 원인을 분석하여, 다음의 행동을 올바르게 하며 과거의 행위에 집착하지 않는다면 밝은 미래가 나타날 것입니다. 결혼이라고 하는 것이 하나의 훌륭한 수행의 도량이듯이 이혼하고 난 뒤의 생활도 언제나 수행을 지속시켜야 할 삶의 방식인 것입니다.

28. 부부는 전생에 어떤 인연이었는지 알고 싶습니다.

불교는 흔히 일반인들에게 인연의 가르침이라고도 알려져 있을 정도로 인연을 특히 중요시하는 종교입니다만, 불교에서 가르치는 인연이라는 말은 본래 인(因)과 연(緣)이 합해진 단어로, 말하자면 어떤 결과에 대한 직접적인 원인과 간접적인 조건 모두를 통틀어 일컫는 것입니다. 다시 말해 이 세상의 모든 사물이나 현상들은 전부가 그럴 만한 원인과 조건에 의해 이루어졌다는 사실을 일깨우는 것이 바로 인연이라는 말로서, 불교에서는 우리들의 인간관계 역시 무수한 인연이 합해진 결과라고 가르치고 있습니다. 그러므로 부부처럼 긴밀한 관계는 오랜 동안 더없이 깊은 인연이 이어져온 결과임을 알 수 있겠습니다만, 불교의 가르침 가운데 특별히 어떤 인연을 맺으면 부부가 된다는 공식이 있는 것은 아닙니다. 다만 불교에서는 옛부터 전생과 내생의 인과관계에 대하여 "전생의 일을 알고자 하거든 금생에 받은 결과를 살피고 내생의 일을 알고자 하거든 금생에 짓고 있는 업을 살피라" 하고 있습니다. 말하자면 현재 빚어지고 있는 현실은 어떤 것이든 모두가 과거에 자신이 지어놓은 업의 결과일 뿐 아니라 내생은 다시 지금 이 순간에 짓고 있는 업에 의해 결정될 것이라는 가르침입니다. 그러므로 지금의 부부관계가 어떠한 인연에 의한 것인지를 알려고 하기보다 이미 맺어져 있는 인연을 보다 생산적이고 복된 것으로 가꾸어가려고 노력하는 자세가 보다 바람직하다 하겠습니다. 어떤 부부관계는 과거세의 악연의 소산일 경우도 있겠습니다만, 그러한 악연을 다시 좋은 인연으로 만들어갈 수 있는 것은 우리 자신의 앞으로의 노력일 것이기 때문입니다.

29. 절에 너무 자주 간다고 남편이 싫어합니다.

　절에 가도 되나 너무 자주 간다고 싫어하는 남편이라면 우선은 절에 가는 것에 대하여 그다지 반대하는 분은 아닙니다. 남편 생각에 조금 지나친 듯하여 그러한 것 같습니다. 그러면 과연 남편은 무엇 때문에 절에 지나치게 간다고 하는지 생각해볼 필요가 있습니다. 절에 자주 가는 일로 인하여 빠뜨리거나 소홀히 한 일은 없습니까. 가사나 자녀, 부모공양 등의 여러 문제에서 혹은 상의할 일이 있을 때 아내가 절에 가고 없어서 서운하게 했던 점은 없었는지 곰곰이 그 원인을 생각해보아야 합니다. 대개는 몇 가지 사소한 일이 계속 쌓여서 싫다는 감정을 불러일으켰을 것입니다. 그러므로 평소의 행동을 잘 생각해보아 부족한 부분을 보충하면 일차적인 문제해결이 될 것입니다. 두번째로는 남편과 함께 절에 갈 수 있도록 노력합시다. 절에 함께 다니게 되고 아내의 입장을 이해하게 된다면 더 이상 싫어할 일은 없을 것입니다. 오히려 훌륭한 외조자로 변하게 될 것입니다. 그리고 세번째로 남편 및 가족들을 위하여 기도하십시오. 남편이 밝은 마음과 미소로 절에 가는 일을 기뻐하도록 남편의 성공과 발전을 기원하십시오. 부부는 일심동체이니 한쪽이 기도하며 축원하고 존중할 때 다른 한쪽이 싫어하고 미워하며 원망할 리 없습니다. 참다운 사랑으로 남편을 대한다면 절에 너무 자주 간다고 싫어하는 일은 더 이상 하지 않을 것입니다. 더불어 생각하여야 할 것은 가정이야말로 온가족의 참다운 수행처가 되어야 합니다. 절에서만 기도하고 집안에서의 수행을 게을리할 수는 없습니다. 집에서도 매일 조석으로 일정한 기도일과를 정해놓고 기도한다면, 그리고 그 기도를 남편과 함께 한다면 부부간에 쌓였던 사소한 오해는 말끔히 사라지고 앞으로도 다시 생길 여지가 없을 것입니다.

30. 남편이 낚시광이라서 자주 갈등을 빚습니다.

　살아있는 생명을 죽이지 말라는 계율은 오계 가운데 으뜸이 됩니다. 어떤 생명이라도 타고난 수명을 해쳐서는 안되는 것입니다. 더욱이 낚시라고 하는 것은 원래는 어부들의 생활수단이었던 것이 오늘날에는 취미가 되어서 물속의 생명이 한갓 여가를 즐기기 위한 대상으로 바뀌었습니다. 꼭 필요하지 않은데 단지 심심풀이로 살생하는 일을 한다면 이는 무거운 죄에 속합니다. 생명을 약탈하는 것은 결코 취미도 여가활용도 되지 못합니다. 살아있는 생명에게 자신의 명대로 살 수 있도록 하는 것이 부처의 자비입니다. 어떤 사람들은 물고기란 사람이 먹어주어야 그 공덕으로 하루빨리 축생의 몸을 벗어 성불하게 된다고 하는 사람도 있습니다. 그것은 인간이 제멋대로 생각한 것입니다. 인과업보의 필연성은 내가 다른 생명체를 죽이고 그 고기를 먹었다면 다음생에는 반대로 내가 죽고 나의 고기가 뜯겨져야 합니다. 남편이 낚시광이라면 이러한 인과의 원칙과 생명의 존엄성을 잘 설명해주시고 다른 건전한 취미로 바꿀 수 있도록 협조해주시기 바랍니다. 더불어 남편의 마음이 돌아설 수 있도록 기도한다면 언젠가는 생명을 귀하게 여기어 낚싯대를 버리고 새로운 취미생활을 할 것입니다 생명을 귀하게 여긴다는 것은 나의 생명뿐 아니라 남의 생명 또한 귀하게 여기는 것입니다. 그것은 시간적으로 오래 산다거나 부귀영화를 누린다거나 하는데 있는 것이 아닙니다. 그 짧은 생명을 어떻게 충실하게 사느냐, 생명을 어떻게 보람있는 일을 위해 쓰느냐 하는 문제라고 생각됩니다. 거기에서 가치를 발견할 때 우리는 영원을 보는 것입니다. 남의 생명을 상대로 여가활동을 하는 생활이 아니라 나와 남, 모든 생명의 보존과 성숙을 위하여 노력하는 생활인이야말로 참생명을 사는 사람인 것입니다.

31. 바람난 남편의 마음을 어떻게 붙잡을 수 있나요?

어떤 가장이 바람이 나서 가정을 돌보지 않고 아내를 미워할 때 어떻게 대처하면 좋은가 하는 것은 자주 일어나는 일입니다. 이럴 때는 행복해야 할 결혼생활에서 남편이 바깥으로 눈을 돌리게 만든 요인이 무엇인가 먼저 생각해볼 필요가 있습니다. 그 이유가 옳은 것이든 잘못된 것이든 간에 가장이 집안에서 편안함을 찾지 못하고 불안해하는 요소는 없는지 살펴보아야 합니다. 아무리 어리석은 사람이라도 남의 허물을 보는 데는 지혜롭고, 아무리 지혜로운 사람이라도 자신의 허물을 발견하기는 어렵습니다. 남편이 이유도 될 수 없는 사소한 일이나 또는 오해에 의해서 외도를 했다고 하여도 남편 마음에는 자신이 절대 옳다는 주장이 있을지 모릅니다. 그러므로 논리적으로 설명해서 돌아오게 한다거나 물리적인 방법은 문제에 대한 치유가 될 수 없습니다. 결혼 자체가 이치로 따져서 성립한 것이 아닌 만큼 사랑을 회복할 수 있는 방법이 필요합니다. 이 문제를 해결할 수 있는 가장 좋은 방법은 기도입니다. 매일 기도하면 일단 내 마음이 안정되어 미워하는 마음이 가라앉게 되며 기도의 공덕은 남편의 마음을 돌아서게 할 것입니다. 기도할 때에는 특히 남편의 외도에 대해 망상을 하지 말아야 합니다. 그러면 미워하는 마음이 더욱 심해져서 현상을 악화시키는 결과를 초래합니다. 그 미움이 꺼지지 않고 계속 일어난다면 108배, 천배, 만배를 하십시오. 열심히 절하고 땀흘리는 가운데 마음에 맺혀 있던 갈등이 서서히 사라져갈 것입니다. 갈등이 사라지면 자연 부처님과 같은 자비한 마음이 드러나게 되며 내 마음의 변화는 남편에게도 미쳐져서 그의 마음 가운데에 있는 불성의 종자를 끄집어내어 올바른 사고력을 되찾게 하는 효력이 있습니다.

32. 사고로 아들을 잃었는데 어떻게 기도해야 하나요?

　봄, 여름이 지나면 가을과 겨울이 오고 그리하여 한 해가 마감되듯이 사람은 태어나고 성장하고 또 병들고 죽어갑니다. 만물의 생성변화가 그와 같으므로 나고 죽는 것은 살아가면서 부딪히게 되는 피할 수 없는 변화 가운데 하나입니다. 그렇지만 부모의 입장에서 사고로 먼저 간 아들을 생각한다면 이는 더할 나위 없이 비통한 일임에 틀림없습니다. 그러나 봄이 지났다고 하여 아주 없어져버린 것은 아닙니다. 겨울에 온갖 초목이 다 얼어붙었다고 하여 신록이 사라진 것은 아닙니다. 설사 육체적으로는 죽었다 하더라도 우리의 참 생명은 죽지 않는 것입니다. 우리가 죽는 모습을 보이고 떠나는 모습을 보이는 것은 실은 과거에 혹은 현재에 지은 업의 결과로 떠나가기도 하고 다시 오기도 하는 것입니다. 왜냐하면 부처님 말씀대로 우리의 모든 생명은 원래가 진리의 생명이기 때문입니다. 이 사실을 모르는 영혼을 위하여 천도재를 지내줍니다. 천도라고 하는 것은 미혹한 생명의식이 그릇된 소견을 버리고 집착을 놓으며 공덕을 닦아 밝은 법성을 깨닫게 하는 것을 말합니다. 그렇게 해서 미혹한 상태로 죽어간 넋이 미혹을 버리고 안정을 찾아 좋은 인연을 만나며 밝은 깨달음을 만나게 됩니다. 그러므로 사고로 먼저 간 아들을 위하여 천도재를 지내주고 염불독경하여 그 공덕이 그에게 돌아가도록 하기 바랍니다. 영가천도는 사후의 영에 대하여 인도하고 깨닫게 하고 마음을 밝게 하여 생전업에 새로운 변경을 더하게 되니 그 영혼이 얻을 세계가 또한 훌륭한 공덕세계가 될 것입니다. 천도재를 지낸 후에는 매년 백중날 또는 매월 지장재일에 영가를 위하여 독경, 염불하며 평소에도 꾸준히 기도하면 그 영가가 다른 생을 받고 태어났어도 그 공덕이 전달된다고 합니다.

33. 살생하지 말라는데 쥐나 바퀴벌레도 죽이면 안되는지요?

옛날 우리 스님들께서는 육환장이라고 하는 지팡이를 짚고 다니면서 벌레들이 육환장으로 땅을 두드리는 소리를 듣고 발에 밟히는 일이 없도록 하였습니다. 게다가 스님들이 신고 다니는 짚신은 헐겁게 짜여 있어서 미처 피하지 못한 벌레라도 그 짚신 틈새에 끼여 눌리지 않도록 신경을 썼습니다. 육식을 금하는 것은 물론이고 손 발이 닿는 곳에 있는 모든 미물들이 해를 입지 않도록 조심하며 불살생계를 철저히 지키고자 노력하였습니다. 우리들이 거주하는 주변에는 쉽게 쥐나 바퀴벌레, 모기 등을 만나게 되는데, 이 해로운 생명체를 제거하지 않으면 나의 가족과 이웃의 건강한 생활을 보장 할 수 없으므로 여기에 불교의 불살생계와 더불어 미묘한 갈등이 생겨나게 됩니다. 그런데 우리가 과연 살생하지 않고 생존할 수 있을까요. 우리가 한번 호흡하는 가운데에도 공중에 떠다니는 세균이 그 호흡으로 인하여 죽는다고 합니다. 우리 몸 안에서도 수없이 많은 세균이 생겨나기도 하고 또는 백혈구 등에 의해서 죽어가고 있습니다. 인간의 생존 그 자체는 삶과 죽음이 뒤범벅된 상태에서 살아가고 있는 것입니다. 그렇다면 우리에게 주어진 선택은 최선을 다하여 부당한 살생을 피하고 널리 대부분의 생명체에 유용한 방식으로 사는 것입니다. 쥐나 바퀴벌레 등은 해로운 세균을 사람과 가축에게 옮겨서 무서운 병을 일으킬 수 있습니다. 쥐나 바퀴벌레가 그 자체로서는 악하거나 선하거나 할 수 없겠지만 일단은 많은 해로움을 끼치므로 가족과 이웃을 위하여 제거해야 합니다. 이것은 살생을 위한 살생이 아니라 집과 이웃을 깨끗이 하기 위한 마음을 쓰는 것입니다. 그러나 더욱 좋은 일은 집 안팎과 동네를 청결히 하여 쥐나 바퀴벌레가 서식하지 못하도록 하는 것이 될 것입니다.

34. 불자들은 개고기를 먹으면 안된다는데요?

불교의 오계 가운데에 불살생계가 있습니다. 모든 살아있는 생명을 존중하는 것은 불교의 가장 기본이 되는 덕목입니다. 개고기뿐 아니라 살생을 가져오는 모든 육식을 금하고 있는 것이 스님들의 계행입니다. 특히 개라는 짐승은 늘 우리와 함께 지내면서 마치 가족처럼 사는 경우가 많습니다. 사회적인 통설로서 조상 가운데 한 사람이 그 집안의 개로 태어난다고 하는 고사가 많은 것을 보아도 일반적으로 꺼려하는 음식이 개고기입니다. 이러한 생각이 저변에 깔려 있을 때 개고기를 먹게 되면 마음 한구석에 죄의식이 싹트게 됩니다. 결과적으로 신체는 튼튼해질지 몰라도 정신건강에는 해롭다는 결론을 내릴 수 있습니다. 굳이 다른 사람의 혐오를 불러일으키면서까지 몸보신을 위하여 개고기를 먹는다는 것은 스스로 재앙을 맞이할 준비를 하는 것과 같습니다. 재가신자의 입장에서는 전혀 육식을 하지 않고서는 생활하기가 불편하게 되어 있습니다만, 그 가운데에서도 가려야 하는 음식이 있는 법입니다. 세간에서 유행되는 특별한 음식물들, 예를 들면 보약, 강장제 등의 음식은 그 자체 안에 특별한 약

효가 있기보다는 오히려 고단백질 음식에 가깝습니다. 이는 타인의 혐오감을 유발할 뿐더러 대개는 위생상태나 효력에 의문이 가는 것이 많습니다. 이러한 음식을 먹고 몸에 좋다고 하여도 좋은 것은 단지 한 순간일 뿐 나의 영원한 생명을 이어주지는 못합니다. 순간적인 즐거움과 만족을 위하여 길고 긴 과보를 받는다면 이는 하지 않는 것보다 못합니다. 물질적인 영양을 몸에 흡수하기보다는 세계가 일념을 벗어난 것이 아니며 모든 것이 오직 마음 안에 머물 뿐이라는 사실을 아시고 그와 같은 무의미한 행동은 하지 마시기 바랍니다.

35. 종교를 바꾸면 집안에 우환이 든다는데요?

부처님께서도 출가하시고나서 처음에는 여러 외도들의 가르침을 받았습니다. 그리고는 그들이 제시하는 가장 높은 경지까지 올라갔으나 그 가르침이 완전하지 못함을 아시고 그들을 떠나 홀로 보리수 아래에서 깊은 명상에 잠겨 있던 중 마침내 크나큰 깨달음을 성취하신 것입니다. 만일 부처님께서 외도가 일러주는 가르침에만 만족하셨다면 지금 우리가 부처님의 가르침을 듣고 배우는 일은 없을 것입니다. 우리의 신행활동 또한 이와 마찬가지입니다. 우리는 가장 훌륭하고 완전한 가르침에 귀의하여야 합니다. 종교를 바꾸면 집안에 우환이 든다고 하는 말은 불교에서 나온 말은 아니라고 봅니다. 합리적인 이성을 갖추지 않은 종교집단에서 자신들의 권익을 지키기 위하여 신도들에게 불안감을 줄 목적으로 그러한 말을 하였을 것입니다. 그러나 정작 우환은 잘못된 가르침을 받고 그 가르침에 맹신할 때 오는 것이지 올바른 믿음에 귀의할 때는 오히려 온갖 복덕이 더할 것입니다. 오늘날과 같은 현대사회에서도 비합리적이고 권위적인 종교가 판을 친다는 것은 아무래도 인간의 심성이 나약할 대로 나약해진 현실에 그 원인이 있다고 봅니다. 올바른 가치관과 주관이 결여되었을 때 여러 가지 걸리는 장애가 많아지는 것입니다 결과적으로 자신이야말로 참된 불성을 갖춘 불자라는 사실을 망각하게 되고 삿된 말에 끄달리게 됩니다. 그러므로 불자는 모름지기 진리는 부처님이며 참으로 존재하는 것은 진리뿐이라는 사실을 확신하여 마음에서 일체 두려운 생각과 근심걱정을 몰아내야 합니다. 그리하여 종교를 바꾸면 집안에 우환이 든다는 식의 그릇된 사회적 통념에서 벗어나 언제나 활기차고 건강하며 끊임없는 창조로써 보람있는 인생을 개척해나가야 할 것입니다.

36. 불교를 믿으면 지옥간다고 다른 종교에서 가르치던데요?

대부분의 종교에서는 착한 일을 많이 한 사람은 죽어서 하늘나라에 태어나고 나쁜 일을 많이 한 사람은 지옥에 태어난다고 합니다. 그리고 하늘나라나 지옥에 한번 가게 되면 영원히 즐거움을 누리거나 고통을 받게 된다고 합니다. 그러나 불교에서는 현생에 지은 업보에 따라 극락에 나기도 하고 지옥에 나기도 하는데, 그 지은 업만큼의 과보를 받고난 뒤에는 다시 다른 세계에 태어나게 됩니다. 극락이나 지옥에 가더라도 영원한 것이 아니라 똑같은 윤회선상에 있는 것입니다. 그런데 그 지옥에는 오랜 옛적부터 지옥중생을 모두 성불시키기 전에는 결코 성불하지 않겠노라고 서원하신 지장보살님이 계십니다. 악행을 일삼는 중생이 아직 남아 있고 그 과보를 치러야 할 지옥이 남아 있는 한 지장보살의 서원과 보살행은 그칠 날이 없습니다. 지장보살뿐 아니라 우리 불자들도 지장보살의 원력을 따라 지옥중생을 모두 건지기로 서원해야 할 보살인 것입니다. 그러나 업보에 의해서 끌려가는 것이 아니라 지옥중생을 제도하기 위하여 가는 것이 다릅니다. 지옥에 가서 지옥중생을 남김없이 제도하여 부처님의 가르침으로 인도하였을 때 지옥세계가 사라지면 그때 보살의 원과 행이 다할 것입니다. 그리하여 모든 중생이 해탈을 얻게 되면 지옥도 극락도 존재하지 않게 됩니다. 하늘나라와 지옥을 엄연히 구분하는 종교에 따른다면 하늘나라에 태어난 사람이 만약 자신의 가족이나 친구 가운데 한 사람이라도 지옥에 떨어졌다는 사실을 알게 되었을 때 즐겁기만 한 생활을 누릴 수는 없을 것입니다. 그보다는 지장보살의 원력으로 지옥중생이 남김없이 제도되어 더이상 고통받는 중생이 없도록 하는 불교의 가르침이야말로 영원하며 참된 즐거움의 천상세계로 이끄는 길입니다.

37. 딸의 배우자감이 타종교인인데 어떻게 해야 할지요?

다른 종교인 간의 혼인의 문제는 좀더 깊이 성찰해보면 두 집안의 생활문화나 가풍의 차이까지가 문제로 등장할 수 있습니다만, 그러한 가운데에서도 결혼하는 당사자 사이에 아무 문제가 되지 않는다면 딸의 배우자감이 타종교인이라고 해서 걱정하실 필요는 없습니다. 불교가 아닌 다른 종교인인 경우에 그들의 종교 외에는 절대 인정하지 않는다는 태도를 보이는 경우가 많습니다만, 그러한 종교적 갈등에도 불구하고 두 남녀가 결혼하려 한다면 두 사람 사이에서 문제가 원만히 해결된 것으로 보아도 좋을 것입니다. 오히려 사위가 될 사람에게 전법할 수 있는 기회를 만나게 된 것을 아시고 불법에 귀의할 수 있도록 도와주시기 바랍니다. 원만한 성품을 가진 진정한 종교인이라면 종교문제로 서로 배척하는 태도보다는 서로가 이해하며 감싸는 입장을 갖게 됩니다. 종교의 우월성을 내보이는 일은 어느 종교인이 보다 더 자비한 마음과 포용력을 발휘하느냐에 달려 있습니다. 종교가 다르기에 서로 헐뜯고 비방한다면 스스로 자신의 종교가 형편없음을 드러내는 행위가 됩니다. 특히 불교의 입장에서는 마치 시냇물이 모여서 결국에는 바닷물이 되며 그 바닷물은 어디에서나 똑같은 한 맛이듯이 다른 종교의 가르침을 따르던 사람도 인연이 닿게 되면 마침내는 불법에 귀의하여 복된 삶을 누리게 됨을 가르치고 있습니다. 그러므로 딸의 배우자가 지금은 타종교인이라도 언젠가는 부처님께 귀의할 불자임을 확신하고 하루속히 행복한 불자가정을 이룩하길 기원하십시오. 기도와 염불의 힘, 그리고 평소 불자로서의 포용력과 자비심으로 대하는 다정한 몇 마디의 말이 씨앗이 되어 사위가 복된 불자가 되는 인연은 멀지 않은 장래에 현실로서 이루어질 것이 틀림없습니다.

38. 며느리가 분가한 후 타종교에 다닙니다.

며느리가 시부모와 함께 살 때에는 시댁의 종교를 따르다가 분가한 후에 원래 자신이 믿던 종교로 되돌아간다고 하는 것은 며느리 나름대로 집안의 화목을 지키기 위하여 노력했다고 볼 수 있습니다. 그렇다면 며느리와 불화하면서까지 불교에 귀의하도록 강요할 필요는 없으며 넓은 포용력으로 감싸서 며느리가 자신이 믿는 종교에서 마음의 평안을 얻고 종래에는 부처님의 가르침으로 돌아올 수 있도록 기원하기 바랍니다. 가끔 며느리와 함께 절에 가보거나 또는 며느리가 신앙하고 있는 종교의 사원에도 같이 가서 며느리가 스스로 불교에 되돌아올 수 있도록 도와주면 됩니다. 여기에서 억지로 불교로 돌아오기를 권한다면 오히려 나쁜 결과를 가져올 수 있습니다. 그런데 원래 신앙이 없던 사람이 시집와서 불교에 귀의했다가 분가한 후에 다른 인연을 만나서 그쪽으로 간 것이라면 집안의 화목을 위해서라도 불교에 돌아오도록 권유하기 바랍니다. 혹시 며느리가 일부러 다른 종교를 택한 데에는 시어머니에 대한 감정적인 반발이 있지 않았는지 생각해보고 며느리가 성숙한 성인으로서 사소한 감정의 응어리를 버리고 부처님의 가르침에 밝게 돌아올 수 있도록 보살펴 주기 바랍니다. 분가한 가정의 행복을 위하여 며느리와 함께 기간을 정해서 기도를 하는 것도 매우 효과적인 방법일 것입니다. 그러나 먼저 다른 종교를 믿다가 그 종교로 복귀하였든 분가해서 새롭게 다른 종교를 선택하였든 종교문제에 대하여 너무 심하게 추궁할 필요는 없습니다. 종교를 선택하는 것은 개인의 고유한 권리인 점을 인정하고 좋은 가르침에 귀의할 수 있도록 도움을 주며 행복한 불자가정이 될 수 있도록 기원하여 어디까지나 자신의 의지에 따라 부처님의 가르침에 귀의하도록 하는 것이 좋겠습니다.

39. 기독교 가정에서 종교문제로 가족들과 갈등을 겪고 있습니다.

 가족의 구성원들이 모두 기독교인인데 혼자서만 불교를 신앙하고 있다면 가족들로부터 심한 정신적 갈등을 겪게 되는 것은 흔히 있을 수 있는 일입니다. 많은 가정에서 종교적인 문제로 인하여 대립 반목하는 경우가 종종 발생하는 것은 그들이 종교의 본질적인 부분에 대하여 잘 모르기 때문입니다. 고등종교의 경우에 그 종교윤리로서 선을 행하고 악을 금하는 것은 공통적인 사항입니다. 그러한 윤리관을 갖고 있음에도 불구하고 배타적인 태도가 그 종교의 교리에 명시되어 있는 경우에 선악이라는 사려분별이 확대 적용되어 다른 종교는 악이라고 정의하는 오류를 발생시키고 있는 것이 작금의 현실입니다. 종교지도자의 무분별한 가르침이 낳게 되는 이러한 배타적인 태도는 신앙인들의 이성적인 판단을 흐리게 하고 급기야는 가정에서 두 가지 종교가 양립할 수 없는 상황으로까지 몰고 갑니다.
 종교가 평화와 사랑을 추구하기는커녕 투쟁과 갈등을 불러 일으키는 원인이 되어 가족들의 마음에 어두운 그림자를 만들어놓게 됩니다. 사랑과 화합을 창조해야 할 종교라면 독선적인 입장은 재고되어야 합니다. 투쟁과 갈등을 일으키는 종교라면 종교로서의 가치를 재 평가받아야 합니다. 그러나 유일신 신앙을 갖고 있는 사람에게는 어떠한 논리적 설명도 소용이 없습니다. 이럴 때에는 불교의 화합정신을 발휘해서 절대 직접적인 대립을 피하기 바랍니다. 함께 대화하는 가운데 '원수도 사랑해야 할' 종교의 본질이 평화에 있음을 주지시키고 가정간의 화목에 서로 노력하는 방향으로 나아가야 할 것입니다. 다른 가족보다 더 열심히 기도하고 가정생활에서나 직장생활에서나 더욱 열심히 한다면 언젠가는 가족들도 종교 때문에 한가족끼리 대립하는 어리석은 행동을 하지 않을 것입니다.

40. 천주교에 다니던 분인데 절에서 천도재를 지내도 되는지요?

중생은 그가 어떠한 종교를 믿든 또는 종교가 없든 간에 모두가 미혹의 결과로 인하여 생사의 수레바퀴를 돌게 됩니다. 그가 미혹함을 그대로 지니고 있다면 몸을 벗어 영이 되어도 마찬가지입니다. 언제나 방황하게 되고 공포와 고난에 시달리게 됩니다. 천도재는 그러한 영을 위하여 지내게 되는데, 불교는 종교의 다름을 따지지 않고 중생을 위하여 그 고통을 없애주고 어리석음을 깨우치며 밝은 길로 인도합니다. 그러므로 천주교에 다니던 분이든 기타 다른 종교의 신앙을 가진 분이든 상관없이 모두 천도가 됩니다. 이는 마치 병들어 있는 사람이 종교가 다르다고 해도 의사가 모두 치료를 하는 것과 마찬가지입니다. 길잃은 사람을 인도하는 불자는 그 사람이 누구든지 상관없이 불보살님의 대자비 위신력을 빌어서 안정을 얻게 하고 온갖 공덕을 닦아서 그 영의 복을 지어주며 선지식의 인도를 받아서 망념을 쉬고 밝은 빛을 만나도록 해주어야 합니다. 다만 인도하는 사람을 믿지 않는 사람이라면 천도하는데 어려움은 있으나 대개는 육신의 몸을 갖고 있었을 때보다 식이 맑아서 사리판단을 분명히 하므로 그 천도를 받아들이게 될 것입니다. 천도 공양을 받은 결과 불안과 고통이 쉬고 안정된 생을 받거나 인연있는 곳에 태어나게 되면 그야말로 보람된 일이 될 것입니다. 그럴 때에는 천도 공양을 받은 공덕으로 내생에는 불자로서 참답게 수행할 인연을 만날 것입니다. 그러므로 우리가 천도재를 지내어 염불독경하고 공경심과 자비심과 깨달음의 밝은 마음을 그를 위하여 바친다면 그의 종교에 상관없이 바로 감응이 있게 되며 또한 자비심과 공경심으로 천도재를 지내준 공덕을 닦은 사람은 현세와 내세에서 복을 받게 됩니다.

41. 큰집에 제사를 지내러 가면 기독교식으로 해야 합니다.

　제사를 기독교식으로 한다는 말은 기독교식 추모기도에다 유교식의 제사법을 일부 받아들인 것이 될 것입니다. 순수한 기독교식의 제사가 아니며 기독교에서 우리의 전통문화를 일부 흡수한 형태로 보시면 될 것입니다. 큰집에서 이렇게 기독교식으로 제사를 지낸다면 일단은 따를 수밖에 없습니다. 기독교식이 옳지 않다고 하여 따로 불교식으로 제사를 지낸다고 하는 것은 합당하지 않습니다. 제사라고 하는 것은 고인을 기리는 것뿐 아니라 살아있는 후손이 한 자리에 모인다는 의미도 있기에 더욱 그러합니다. 제사를 통하여 한 집안임을 확인하며 서로의 우애를 두텁게 하기 위한 자리에서 종교문제로 화합하지 않는 것은 후손된 도리로 옳지 않습니다. 기독교식으로라도 제사를 지내며 다른 가족들에게 전법하여 불교를 받아들이도록 꾸준히 노력해야 하겠습니다. 기독교식의 제사는 고인에게 그 공덕이 잘 회향되지 않기에 그 영혼이 떠돌다가 망령이 되는 경우도 있으니 이 점을 납득시킨다면 불교식 천도의식으로 바꿀 수 있을 것입니다만, 일반적으로 기독교 집안에서 받아들이기 어려울 것입니다. 그보다는 큰집의 제사에는 꾸준히 참가하면서 불자의 가정에서 제사가 아니라도 고인을 위해 염불과 독경을 하십시오. 고인의 영혼이 제사를 통해 천도를 받지는 못하더라도 후손의 꾸준한 염불과 독경의 힘으로 극락왕생하며 좋은 인연을 만나 수승한 곳에 다시 태어나는 복덕을 얻게 됩니다. 그러나 무엇보다도 좋은 것은 큰집을 비롯한 모든 후손들이 부처님께 귀의하고 제사의식을 불교식으로 바꾸는 것입니다. 불자는 하루속히 모두가 원만하고 행복한 불자가정이 이룩되기를 발원하고 끊임없이 이를 위하여 기도하여야 하겠습니다.

42. 이교도의 적극적인 전도를 받을 때 어떻게 대처해야 하나요?

　스스로의 수행이 모자라고 신심이 굳건하지 않을 경우 이교도로부터 적극적인 전도를 받게 되면 솔깃하여 마음이 흔들리기 쉽습니다. 특히 그 종교가 내세에 대하여 단순할 정도의 인과론을 주장하거나 말세를 이야기할 때는 듣는 이의 마음에 두려움과 불안이 앞서게 됩니다. 그리하여 과연 내가 믿고 있는 종교가 진실 된 것인가 의심이 가는 것은 사람이라면 누구나 가질 수 있는 생각입니다. 이럴 때에는 적극적인 전도를 하는 이교도와 그의 종교에 대하여 냉철한 이성을 갖고 비판할 줄 알아야 하겠습니다. 신이라는 것이 있고 없음을 떠나서 일상생활에서나 모든 사리판단에서 합리성이 결여되었을 경우 참다운 종교인이라고 할 수 없습니다. 오히려 신앙에 대하여 맹목적인 광신자가 아닌지 따져볼 필요가 있습니다. 그리고 그 사람을 그렇게 몰고가는 종교의 가르침이 과연 온당한 것인가도 생각해보아야 합니다. 종교란 우리의 생활과 합리적으로 조화를 이룰 때 종교로서의 가치를 갖고 있는 것이지 생활과 사회적인 도덕규범을 무시한 종교우월주의는 언제나 억지와 위선이 가득찬 종교인을 만들어낼 수 있습니다. 인간의 보다 나은 생활과 행복을 위하여 종교가 존재하는 것이지 종교를 위하여 또는 종교의 교조를 위하여 인간이 존재하는 것은 아닙니다. 왜냐하면 종교는 인간이 만들었기 때문입니다. 그러므로 종교는 영원한 생명에 뿌리하고 진정한 지혜의 삶을 키우는 높고 깊은 진리의 종교이어야 합니다. 이교도의 전도를 받을 때는 오히려 자신과 이웃을 진리로 바꾸고 국토에 진리를 실행할 수 있는 길인 부처님의 가르침을 전해서 우리 자신이야말로 진리이며 무한자이며 절대자며 부처님이라는 사실을 알려주기 바랍니다.

43. 타종교의 말세론에 대해 어떻게 받아들여야 하나요?

타종교의 말세론에 앞서 불교에서 전하는 말법사상을 알아보면 다음과 같습니다. 부처님께서 열반하신 뒤 세월이 흘러감에 따라 부처님의 가르침을 법답게 수행하기 어렵게 된다는 역사관에 근거하여 세상을 정법시대, 상법시대, 말법시대로 나누고 말법시대가 끝나면 부처님의 법을 만나기 힘들다고 하는 것이 불교의 말법사상입니다. 즉 부처님의 교법과 그 실천수행과 교법의 증득이 모두 갖추어진 시대를 정법시대라 하고, 교설과 수행만이 있는 시대를 상법시대라 하며, 교설만이 있는 시대를 말법시대라 하고 있습니다. 대개는 정법 오백년, 상법 일천년, 말법 일만년을 말합니다. 그렇다고 하면 부처님께서 입멸하신지 천오백년이 훨씬 지났으므로 현재는 말법시대에 해당합니다. 그래서 사방에서 말법시대라고 하는데 다른 종교에서는 말법과 더불어 인류의 멸망과 구세사상 등을 설하여 중생을 미혹시키기도 합니다. 그렇지만 부처님께서 일찍이 방편으로 열반을 보이셨을 뿐 열반하신 것이 아니며 부처님의 법이 숨은 적이 없다는 사실을 볼 때 현재를 말법시대로 보는 것은 범부들이 현 상에 집착한 잘못된 견해입니다. 원래 정법은 영원하다 할 것이며 우리들은 영원한 정법을 믿고 수행하기를 한결같이 해나갈 때 그와 같은 수행은 정법, 상법, 말법의 집착된 견해를 뛰어넘어 언제나 정법 가운데에서 여실히 수행하는 불자가 되는 것입니다. 이렇게 볼 때 타종교의 말세론은 어리석은 중생들을 공포와 불안으로 몰아넣어 자기 종파의 이익만을 추구하려는 수단으로밖에 볼 수 없습니다. 절대로 근거조차 없는 말세론에 빠지지 말고 아직 그 속에서 헤매고 있는 사람이 있다면 부처님의 자비하신 가르침이 언제나 빛나고 있는 정법시대임을 일러주기 바랍니다.

44. 무당이 부처님을 모시는 절에 다니고 있습니다.

　기복신앙을 거부하는 현대인들은 사주나 점을 치는 무당의 행위 등을 미혹한 행위로 보고 이러한 행위를 하는 절이나 무당집은 삿된 곳이므로 가지 말아야 한다고 하며 올바른 부처님의 말씀에서 벗어난 것이라 하여 배척합니다. 그러나 이를 거부하고 부정만 할 것은 아니라고 봅니다. 종교민속학적 견지에서 본다면 불교는 이 땅에 들어와서 널리 전파되기 위하여 이 땅의 토속신앙과 결합을 했습니다. 무당집에 부처님을 모시는 것도 불교가 이 땅에 토착화된 예이며 사찰에 산신각이 있는 것도 불교가 민속신앙을 포용한 하나의 예입니다. 불교를 전하기 위한 방편으로 대중들에게 이미 친근감을 지니고 있던 신앙과 결합을 했던 것입니다. 그리하여 민속신앙을 가진 사람들이 자신도 모르게 불교의 교리를 생활 속에 받아들이게 되어 유구한 역사 속에서 불교는 민족사상의 뿌리로 자리잡아왔습니다. 그렇게 된 데는 다른 신앙과 사상을 배척하지 않고 널리 포용하여 불교 안에 존립하도록 한 불교 포교자의 역할이 컸던 것입니다. 이렇게 볼 때 무당이 부처님을 모시는 절이라고 하여 거부하기보다는 차라리 그러한 행위를 자신도 모르게 하고 있는 무당에게 부처님의 올바른 가르침을 전하여주는 것이 바람직합니다. 무당이 있는 절에 다니던 신자의 입장에서는 어려울지 몰라도 참된 가르침을 받아들이고 전하는 데는 신분의 차별이 있을 수 없습니다. 신념을 가지고 무당으로 하여금 진실한 불법에 귀의할 수 있도록 도움을 주기 바랍니다. 더불어 스스로도 참되지 않은 가르침을 떠나 바른 가르침으로 돌아와야 할 것입니다 부처님께서 말씀하시기를 부처님의 가르침은 뗏목과 같아 알고 난 다음에는 버려야 한다고 하셨습니다만 불법 아닌 것에 있어서야 말할 나위도 없습니다.

45. 사주나 점, 궁합, 택일 등을 어떻게 보아야 하나요?

사주와 점, 궁합, 택일 등은 모두 우리 생활에서 화를 피하고 복을 바라는 심정에서 보게 됩니다. 앞날의 자기 인생이 어떻게 되어 갈까 하는 불안감에서 사주나 점을 보게 되고, 결혼할 배우자와 과연 행복할까 하는 불안감에서 역시 궁합을 보며, 이사갈 날짜 등에 액운이 끼면 어쩌나 하는 불안감에서 택일 등을 하는 것입니다. 어찌 보면 이는 인간의 나약한 심성을 그대로 표출하는 행위라 할 것이며 나름대로의 인생을 창조적으로 개척해나간다고 하는 입장에서 보면 아주 어리석은 행동이 됩니다. 스스로 판단하는 능력이나 고난을 물리치려고 하는 의지는 사주나 점등을 보려고 할 때에 사라지고, 그 대신 알지도 못하는 어느 미혹한 점술가의 견해가 자신의 인생행로에 결정적 영향을 미치게 됩니다. 점점 점술가의 판단이 자신의 판단이 되어버리고 어느새 자신은 아무것도 스스로 할 수 없는 무력한 인간이 되어 있는 것을 보게 됩니다. 조그마한 불안감에서 복을 바라며 점을 보던 일이 오히려 화를 자초하여 이제는 돌이킬 수 없도록 자신의 능력을 앗아가 버렸기에 진리를 모르는 범부들의 인생은 번뇌가 쉬지 아니하며 고통과 불안이 끊일 사이 없어 순간 순간이 두려움이며 죽음을 향한 진행뿐입니다. 무릇 인생이란 스스로 창조하고 개척해나가는데 의의가 있습니다. 이 우주의 주인이 바로 나이며 일체의 현상은 모두 내 마음의 그림자라는 사실을 안다 면 내 마음을 다른 이에게 내어주는 어리석은 일은 더 이상 하지 않아야 합니다. 이제 신앙을 굳게 가진 불자는 바로 나 자신이 참된 부처님의 진리를 따라 스스로가 운명을 창조적으로 개척하는 주인공이라는 신념을 갖는다면 사주나 점, 궁합, 택일 등을 따로 시간과 금전을 소비하면서까지 볼 필요는 전혀 없을 것입니다.

46. 신병을 앓고 있습니다.

어떠한 고난을 당하였을 때라도 먼저 원인을 밖에서 찾지 말고 자신을 향하여 살펴보기 바랍니다. 지금 받고 있는 과보는 반드시 현재나 과거에 지은 업보의 영향입니다. 신병을 앓고 있을 때에는 과거에 누군가를 미워하고 대립하고 원망하고 성을 내고 슬퍼하는 등 무엇인가 잘못된 까닭이 있기 때문입니다. 그리하여 현재의 과보가 과거의 업을 청산하는 계기가 되므로 나타났다가는 다시 사라지게 마련입니다. 그러나 오랫동안 신병이 계속된다면 조상 가운데에 잘못된 분이 계시지 않았나 생각해볼 문제입니다. 이런 분을 위하여 조상천도를 권해드립니다. 조상 가운데 안정을 얻지 못한 망령이 있을 때 자손에게 영향이 올 때가 있습니다. 조상만이 아니더라도 가까운 친족 가운데서 안정을 얻지 못하여 고통 속에 있는 망령이 있어 인연 있는 가족 주변을 떠나지 못할 때 살아있는 가족에게 병고 등 장애가 생기는 수가 있다고 합니다. 이럴 때는 망령을 위하여 천도재를 지내면서 평소에 수행을 열심히 하기 바랍니다. 수행은 염불 입니다. 힘들여서 염불해야 합니다. 힘들여 일심으로 염불하는 사람은 염불의 힘을 얻게 됩니다. 염불의 힘이란 바로 법의 힘이며 참마음의 힘이며 흔들리지 않는 신념의 힘입니다. 염불하는 가운데 이 힘이 성장합니다. 그래서 어떤 어려운 일을 만나도 능히 헤쳐나가는 밝은 마음을 갖게 됩니다. 밝은 마음과 아울러 염불의 힘이 조화를 이룰 때 원인을 알 수 없는 신병이라는 과보는 소멸되게 마련입니다. 이렇게 염불의 힘으로 마음의 안정을 얻고 독경하고 발원하여 모든 조상이나 인연 있는 망령들에게 회향할 때 그와 같은 망령들은 부처님의 자비 위신력에 힘입어 밝은 생을 얻어가게 되고 따라서 신병은 자연히 치유가 될 것입니다.

47. 풍수지리를 어떻게 보아야 하나요?

우리나라의 지형은 어느 곳이나 산과 내와 들판이 있습니다. 특히 산이 많은데 같은 산이라도 북쪽면에는 해가 비치는 시간이 적고 기온도 낮으므로 남쪽면에 비하여 밭작물 등의 수확이 적은 것이 사실입니다. 그리고 농경사회였을 때는 물이 생활에 필수적인 요소였습니다. 사방이 절벽으로 둘러싸인 갑갑한 곳이나 땅의 양쪽에 내가 있어서 언제나 습기찬 곳을 좋은 곳이라고 할 수는 없겠지요. 말하자면 사람이 거주하기 좋은 곳을 찾는 선조들의 노력이 풍수지리라고 하는 전통신앙을 만들어왔습니다. 일종의 생활과학인 셈입니다. 좋은 환경이 마련되는 곳에서 자연히 지역사회의 발전이 이루어지기 마련입니다. 이는 마치 까치가 자신에게 알맞은 높은 나무에 둥우리를 틀고, 물고기가 스스로 살기 알맞은 물을 찾아 움직이는 것과 같습니다. 사람이 생활하기 좋은 곳이 바로 풍수지리에서 말하는 명당자리가 될 것입니다. 이것을 미신으로 돌리기보다는 선조들의 지혜를 십분 활용하는 것도 좋은 일입니다. 그러나 부처님의 가르침대로라면 이 우주 어디에도 부처님의 감로비가 내리지 않는 곳이 없으며 불국토 아닌 땅이 없습니다. 특히 오늘날과 같이 사람은 많고 땅은 좁은데 저마다 좋은 자리를 차지하려고 한다면 비록 남과 다투어서 명당을 확보한다 해도 이미 남과 다툰 잘못을 범한 자에게는 어느 곳도 명당이 되지 못합니다. 참된 좋은 자리는 이웃과 화합하며 자신과 이웃의 모든 가정이 함께 부처님 가르침을 믿고 따르는 불자가정이 많이 모인 곳일 것입니다. 그렇다면 굳이 좋은 자리를 찾기 위해 동분서주할 것이 아니라 바로 지금 살고 있는 곳을 불국토로 가꾸어나가는 보살행을 하는 것이야말로 이 시대에 요청되는 불·보살의 풍수지리라 할 것입니다.

48. 부적은 인간의 운명을 바꿀 수 있는 것인가요?

인간의 마음이라고 하는 것은 온갖 변화를 만들어내는 조물주로서, 그 생각 여하에 따라서 세상만사가 천 가지 만 가지로 변화해갑니다. 좋은 생각을 지으면 좋은 방향으로 나아가게 되며 나쁜 생각을 지으면 역시 나쁜 방향으로 환경이 바뀌어갑니다. 부처님께서는 열반에 드시면서 자기 자신에 의지하고 법에 의지하라고 분명히 말씀하셨습니다. 우리의 마음이 바로 우리의 주인이고 모든 변화하는 환경의 개척자인 것입니다. 그렇다면 우리의 마음을 법다웁게 바로 쓸 때에 밝은 환경의 건설이 가능한 것이지 삿된 행위나 말에 마음이 끄달린다면 그 삿된 언행에 지배받는 피동적인 삶이 되풀이될 것입니다. 부적이 인간의 운명을 바꿀 수 있느냐 하는 문제는 바로 이와 같이 우리의 마음이 환경을 창조하느냐, 환경에 지배받느냐 하는 문제에 직결됩니다. 부적이 자신의 마음보다 더 위대하고 신령하다고 믿는 분이라면 틀림없이 그 부적에 의해서 자신의 운명이 변화될 것입니다. 언제나 부적에 매달려 더욱 신통한 부적을 구하기 위해 노력할 것이고 그러는 가운데 자신의 환경을 능동적으로 개척할 힘을 잃어버려 마침내는 부적의 노예가 되어 사는 삶으로 자신의 운명이 바뀌는 것을 알게 될 것입니다. 세상 모든 일은 오직 마음에서 지어낸다 하였습니다. 부적의 힘을 믿는다면 부적의 영향을 스스로 지어 자신의 운명을 바꿀 것이고, 부적 따위는 아무 것도 아니고 오직 내 마음이 우주만물의 주인이라고 확신한다면 그에게는 어떠한 장애나 고난도 다 물리칠 수 있는 능력이 생겨 능동적으로 운명을 개척해나갈 것입니다. 어딘가에 의지하고 싶은 나약한 심성을 버리고 오직 존재하는 것은 내 마음의 불성임을 깊이 확신한다면 부적으로 인하여 운명이 바뀐다는 일은 결코 있을 수 없습니다.

```
판 권
본 사
소 유
```

라디오 멘토가 들려주는
불교와의 첫만남

엮 은 이 : BBS불교방송
펴 낸 이 : 이 선 재

발 행 처 : BBS불교방송
주   소 : (우:04175) 서울시 마포구 마포대로 20 다보빌딩
보 급 처 : 불교방송 포교자료팀
전   화 : 02)706-3502

초판발행 : 2011. 4. 30.
재판 14쇄 발행 : 2022. 7. 1

ISBN : 89-86715-00-7
가   격 : 12,000원

※ 판권은 본사 소유이며 잘못된 책은 바꿔드립니다.
※ 이 책은 저작권법에 따라 보호받는 저작물이므로
   무단 전재와 무단 복제를 금합니다.